优秀销售人员人手一本的销售圣经

把话说到客户心里去

郑一群◎著

WIN THE HEART OF YOUR CLINENTS

图书在版编目（CIP）数据

把话说到客户心里去／郑一群著 .– 北京：文化发展出版社，2016.5（2020.5 重印）
ISBN 978-7-5142-1318-8

Ⅰ. ①把… Ⅱ. ①郑… Ⅲ. ①销售学 Ⅳ. ① F713.3

中国版本图书馆 CIP 数据核字（2016）第 078574 号

把话说到客户心里去

郑一群／著

责任编辑：周　蕾　　　　　　　责任校对：岳智勇
责任印制：杨　骏　　　　　　　责任设计：侯　铮
出版发行：文化发展出版社（北京市翠微路 2 号　邮编：100036）
网　　址：www.wenhuafazhan.com
经　　销：各地新华书店
印　　刷：三河市华东印刷有限公司

开　　本：889mm × 1194mm　1/32
字　　数：120 千字
印　　张：6
印　　次：2016 年 5 月第 1 版　2020 年 5 月第 3 次印刷
定　　价：38.00 元
ISBN：978-7-5142-1318-8

FOREWORD 前言

会说话的人，说出话来准确得体、巧妙恰当，让人听后如沐春风，他们往往可以很顺利地达到自己的目的。一个说话高手就像是武林高手，一言一词都掷地有声，很容易就能说服别人。

一个会说话的销售员往往可以让客户为之折服，进而赢得成功。销售员在说服客户的时候妙语连珠、幽默机敏，语言充满情趣，耐人寻味，不仅可以缩短彼此间的距离，还能使交谈气氛和谐融洽，从而达到自己的目的。但是，说话时要注意，话语要简洁，语言要精练，而不是一箩筐的废话。也就是要以最经济的语言手段，输出最大的信息量。反之，如果说话时抓不住主干，空话连篇，啰唆重复，瞎聊乱侃，说了半天也听不出个所以然，这样只会让客户心生厌恶，不但达不到说服的目的，反而惹恼了客户。

古语云："言不在多，达意则灵。"语言是传递信息和交流思想的工具，这些技巧和表现手法主要体现在语言的运用上。要言不繁，字字珠玑，简练有力，能使人不减兴味；冗词赘语，叙述唠叨，必令人生厌。因此，说服客户时，要筛选、过滤出最精辟的语言，恰如其分地表情达意，尽可能以简练的语言表达出深刻的内涵。这样才可能更快、更准地成功说服客户。在销售过程中也是如此，销售员如果只顾自己一个劲地说产品如何好，而不学会倾听，他是无法了解顾客的。无法了解顾客，销售的效率就低，甚至令人讨厌。成功的销售员说，有效的销售是自己只说三分之一的话，把三分之二的话留给对方去说，然后，倾听。倾听使你了解对方对产品的反映以及购买产品的各种顾虑、障碍等。只有当你真实地了解了他人，你的人际沟通才能有效率。要了解听话者的身份、年龄、职业、爱好、文化修养等诸多方面的情况，只有这样，我们所说的话才有意义，才能达到预期的目的。

有些销售员在说服客户时，总是指责对方。不论你用什么方式指责别人，哪怕是一个眼神，一个手势，说话的声调，都明显地告诉别人他错了。而他会认可你的观点，认为自己错了吗？可以肯定地回答，绝对不会！因为你直接打击了他的智慧、荣耀、判断力和自尊心。这绝不会使他改变心意，反而会使他想反击。即使你搬出柏拉图或康德的逻辑，也改变不了他的观点，因为你伤了他的感情。

永远不要这样开场："好，我证明给你看。"这句话大错特错，等于在说："我比你更聪明。我要告诉你一些事，使你改变看法。"这是一种挑战，这样会挑起事端，在你尚未开战之前，客户已经准备迎战了。即使在最温和的情况下，你要改变客户的主意都不容易，那为什么要使它更不容易呢？为什么要使你自己的困难更加深一层呢？如果你要证明什么，不要让任何人看出来。技巧要到家，使对方察觉不出来。必须用若无实有的方式教导客户，提醒客户他所不知道的。

本书适合所有正在成长中的销售员和对销售感兴趣的人们，尤其对销售新手更具参考价值。如果你初入销售这一行，还摸不清门道。或者虽有几年的销售经验，但总有一些障碍让你无法跨越，这本书是专门为你打造的！作者以翔实的案例加上深入浅出的讲解，帮助不知该如何说服客户的销售新手快速、顺利地拿下订单！

目录

CONTENTS

第一章　要想拿订单，首先说好开场白

与客户初次见面的第一句话，是留给对方的第一印象。说好说坏，关系重大。开场白的好坏，几乎可以决定这一次访问的成败。换言之，好的开场，就是销售成功的一半。说第一句话的原则是：亲热、贴心、消除陌生感。

第二章　这样说，才能唤起客户的好奇心

好奇心是人类所有行为动机中最有力的一种，唤起客户好奇心的具体办法灵活多样，尽量做到得心应手，不留痕迹。在实际的销售工作中，销售员可首先唤起客户的好奇心，引起客户的注意和兴趣，然后道出商品的利益，并迅速转入面谈阶段。

第三章 向客户提问，一定要“命中靶心”

提问与销售过程的每个阶段都有着密切的关系：在早期的开发客户阶段，提问可以帮助我们识别客户；在激发客户需求阶段，提问简直就是核心。可以帮助我们明确客户的问题，清楚展示产品或服务，以更节约成本的方式帮助客户解决问题；在后期促成客户成交并采取行动阶段，同样离不开提问。

第四章 面对客户异议，切勿急于辩解

销售员常常碰到客户对你销售的产品有异议的情况。只有正确、客观、积极地认识异议，你才能在面对客户异议时保持冷静、沉稳，也只有这样你才可能从异议中发现客户需求，进而把异议转换成每一个销售机会。

第五章 慷慨雄辩，不如真诚打动客户的心

作为一名销售员，做到能说会道绝不容易，只有掌握这个技巧，才能更有效地打动客户。如果客户想知道你的产品性价比，你该告诉客户哪些方面好，哪些方面不好，一定要实事求是。真诚才能打动客户，真诚才能留住客户，真诚才能有收获。

第六章 针对各类客户，学会巧妙说服

由于每个人的年龄、身价、地位的不同，每个人的心理也不尽相同，面对各种类型的客户，有些销售员经常会因为性格问题与客户产生冲突、误解、拒绝。对此，最好不要试图去改变你的客户，你要做的是把产品销售给不同性格的客户。

第七章 对于客户的诉说，要认真倾听

客户在说话时，不要随便打断客户的话，也不要随便反驳客户的观点，一定要弄清楚客户的意图后再发言。你只要认真地听他把话说完，并不时地表示理解，最终会赢得客户的好感，再谈产品的订单时就容易多了。

第八章 懂得赞美，把话说到客户心坎上

赞美不但可以拉近人与人之间的距离，而且能够打开一个人的心扉。一个成功的销售者会努力满足客户的这种心理需求。既然客户需要赞美，销售者就没有必要吝啬美丽的语言，因为赞美是不需要增加任何成本的销售方式。

第一章

要想拿订单，首先说好开场白

与客户初次见面的第一句话，是留给对方的第一印象。说好说坏，关系重大。开场白的好坏，几乎可以决定这一次访问的成败。换言之，好的开场，就是销售成功的一半。说第一句话的原则是：亲热、贴心、消除陌生感。

好的开场白是成功的一半

在销售过程中，说好开场白是十分重要的。开场白是否有效，就是看其组合起来能否激起客户的兴趣，让客户从繁杂的事务中抽出一部分时间给电话销售人员，同时又可以避开客户的条件反射心理。

能引起客户注意的开场白，就像是卖报人所喊的话那样。我们不妨设想一下，你现在正在公交车站等车，一位卖报人走过来对着等车的人高喊“卖报！卖报！一块钱一份！”；同样的情境，另外一位卖报人走了过来，对着等车的人高喊“卖报！卖报！本·拉登发表新演说，称将发动大规模恐怖袭击！中国足球再遭惨败，主教练面临下课危机！最新台风明天登陆本省，中心风力可达12级”。对比卖相同报纸的两位卖报人，看最终的结果会有多大差别！后面的那位卖报人，通过能引起等车人兴趣的话题，成功地吊足了这些人的胃口，激发了他们的购买欲望，自然会有比较好的销售业绩。

因此，开场白的好坏，可以决定你这次销售是成功还是失败。换句话说，好的开场白就是销售成功的一半。许多客户在听销售人员说第一句话的时候要比听后面的话认真得多。听完第一句话，大多数客户就自觉或不自觉地决定了是尽快打发销售人员走开还是准备继续谈下去。因此，销售人员只有说好开场白，才能迅速引起客户的注意，并保证销售顺利进行下去。

以下是销售员刘先生与客户李经理第一次见面时的开场白。

销售员刘先生如约来到客户李经理的办公室：“李经理，您好！看您这么忙还抽出宝贵的时间来接待我，真是非常感谢啊！”（感谢的话让李经理听着很舒服。）

“李经理，办公室装修得简单却很有品位，可以想象您应该是个做事很干练的人！”（赞美的话谁都喜欢听，特别是经理级别的人。）

“这是我的名片，请您多多指教！”（有意抬高客户，让其有优越感。）

“李经理以前听说过我们公司吗？”（给客户一点时间，让客户回答。）

“我们公司是国内最大的为客户提供个性化办公方案服务的公司。我们了解到，现在的企业不仅关注提升市场占有率和利润空间，同时也关注如何节省管理成本。考虑到您作为企业的负责人，肯定很关注如何最合理配置您的办公设备，节省成本。所以，我今天来与您简单交流一下，看有没有我们公司能协助的。”（说明此次来的目的，突出客户的利益。）

“贵公司目前正在使用哪个品牌的办公设备？”（提问结束，让客户回答。）

李经理面带微笑，非常详细地和该销售员谈起来。

通过上面这个案例，我们可以看出，开场白要达到的目标就是引起客户的兴趣，使客户乐于与你继续交谈下去。该案例的销售人员就是通过很好的开场白吸引了客户，有了个漂亮的开场，从而向促成销售迈进了一步。

那么，销售员怎样通过短短几句话成功吸引客户的注意力呢？有以下几种常用的技巧。

第一，谈客户目前可能最关心的问题。例如："听您的朋友提起，您现在最头疼的是废品率很高，调整了生产流水线之后，这个问题还没有从根本上改善……"

第二，谈客户熟悉的朋友或同事。例如："您的朋友王先生介绍我与您联系的，说您近期想添几台电脑……"

第三，赞美客户。例如："我听说您是这方面的专家，所以想和您交流一下……"当然，赞美要恰如其分，过分的夸奖会让客户反感。

第四，提起他的竞争对手。例如："我们刚刚和 ×× 公司有过合作，他们认为……"客户听到是竞争对手，就会把注意力集中到你要说的内容里。

第五，引起客户对某件事情的共鸣（原则上是客户也认同这一观点）。例如："很多人认为面对面拜访客户是一种最有效的销售方式，不知道您是怎么看的……"这种方法是在拜访前对客户有所了解。

第六，用数据来引起客户的兴趣和注意力。例如："增加这个设备，您的企业可以提高 50%的生产效率……""我知道贵企业现在的废品率比较高，如果有办法使废品率降低一半的话，您是否有兴趣了解？"

第七，有时效性的话语。例如："我觉得这个活动能给您节省很多话费，但这次优惠活动截止到 2 月 3 日，所以应该尽快让您知道……"这种时间上的限制会让客户产生紧迫感。

在销售过程中，上面这几种方法可交叉使用，重要的是根据当时的实际情况做出合适的选择。当然，我们在与客户交谈的时候，一定要用积极开朗的语气。

在实际操作过程中，常常会有这种情况：销售人员与客户见面时，刚开始的气氛很好，可几分钟之后，就不知道该和客户谈什么了，或者是整个过程只是销售人员一个人在发表演说。一定要记住，为了使客户开口说话，一定要以问题结束你的开场白。否则，会使拜访陷入暂时的僵局。

如何说好开场第一句话

销售人员与客户见面时，前 3 分钟要说的话最为重要，而与客户刚见面时的前半分钟更为关键。这可以说是客户对销售人员第一印象的再次定格，因为与客户见面时，客户对你的第一印象取决于销售人员的衣着打扮与言行举止，第二印象就是这简短的开场白。开场白做好了，给客户留的好印象会更深刻，因为开场白的语言是一个人内在的反映。

在这里值得一提的是，如果是销售人员主动征得客户同意会面的，开场白非常重要；而如果是客户主动约见你，客户的开场白就决定了你的开场白。一般来说，开场白包括四个部分：感谢客户接见你并寒暄、赞美；自我介绍或问候，介绍来访的目的；突出客户获得的价值，从而吸引对方；转向探测需求，以对客户的问题结束，好让客户开口说话。

通过第一句开场白赢得了客户的注意，也就向成功销售迈进了一大步。具体说来，销售人员应当针对不同客户的具体情况，例如身份、性格特征等，有针对性、有技巧、有礼貌地设计颇富创意的开场白。

客户之所以选择某种商品或者服务，是因为这种商品或者服务能够帮他解决现实存在的问题，能够带给他相应的价值，同时这种价值相对于客户的付出，显得物超所值、具有丰厚回报。因此，开场白的时候，销售人员不妨用最直白的语言，让客户明白这次见面能够带给他什么样的价值，让客户明白和你沟通是有价值的，只需要小小的投入就能够获得巨大的回报。

接下来，给大家介绍一种比较实用的开场白方法，并且给出具体的案例分析，大家可以参考借鉴，并结合你所销售的产品或者服务，总结出适合自己的有效的开场白。

销售人员范晓丹向客户推荐她们所代理的长途电话业务，以下为开场的时候销售人员与客户的对话。

销售人员：早上好，王经理，现在来见您方便吗？

（这是一种十分经典的开场白问候语，之所以这样说，是因为这句话一方面显得很有礼貌，表达了对客户的尊重；另一个很重要的方面在于销售人员知道客户的姓名与联系方式，会让客户产生是否认识打电话人的错觉。因此当销售人员问客户“现在来见您方便吗？”的时候，客户会很自然地回答“方便”，而当客户一旦表示他“方便”的时候，就代表着客户已经许下了一个承诺，客户需要为自己的承诺负责任，在接下来的对话中，他必须给销售人员一些时间，而且也不好意思再找“很忙”或者“没时间”这样老生常谈的借口。）

客户：方便，请问哪位？

销售人员：我是中国联通的范晓丹，范冰冰的范，拂晓的晓，刘志丹的丹，您直接叫我丹丹就可以了。是这样的，王经理，现在有一种方法可以帮助您立刻节省公司30%左右的长途电话费，而且还不需要您任何的额外投资。我可以用一到两分钟的时间向您作一个简单的说明吗？

（销售人员的自我介绍十分有意思，首先在介绍公司的时候，她并没有说自己公司的真正名字，而是借用了合作伙伴中国联通的名义。因为她们公司很小，客户连听都没有听说过，这样可以迅速赢得客户的信任；其次，她在介绍自己姓名的时候，能够让客户产生积极正面的联想，不知道各位男士朋友在听到女孩子银铃般的声音的时候，有没有十分亲切、拉近距离的感觉。销售人员同时也清楚地向客户传达了她们公司产品的价值——不需要任何的额外投资就可以立刻节省30%的长途电话费用，简单明了，客户十分清楚这个电话的最终价值在哪里；同时请大家注意“不需要额外投资”这句话，会让客户产生好像不用付钱的感觉，作为一种模糊介绍，有很深的含义。）

客户：是吗？丹丹小姐，什么方法可以帮我节省30%的长途电话费？（这么好的事情，当然要了解了解。）

在开场白的把握上，应当注意的重点是：提前准备好相关的题材及一些幽默有趣的话题；注意避免一些敏感、易起争辩的话题，例如宗教信仰的不同，政治立场看法的差异。要避免那些缺乏风度的话，不去窥探客户的隐私，不要说有损自己品德及夸大吹牛的话；得理要饶人，有理也要心平气和地去说服客户；一定要多称赞客户及与其有关的一切事物。

其中，最为关键的是，你要学会以格言、谚语或有名的广告词作为开场白，以谦称和请教的方式开始，还可以把开源节流作为话题，告诉客户若购买此类产品将节省5%的成本，赚取10%的利润，并告诉他：“我是专程来告诉您赚钱和节省成本的方法的。”为了更好地引起客户的关注，可以用与某一单位合办市场调查的方式为开始，可以用他人介绍而前来拜访的方式开始，可以举名人、有影响力的人的实际购买例子及使用后效果很好的例子为开始，运用赠品、小礼物、纪念品、招待券等方式开始，以动之以情、诱之以利的生动展示的方式开始，以提供新构想、新商品知识的方式开始，甚至以具震撼力的话语吸引客户继续听下去，比如“这部机器一年内可让您多赚10万元”这样的话语开始。

总之，万事开头难，做销售更是如此。但是，一个销售人员不能知难而放弃努力，应该做好充分准备，说出一个有创意的开场白。

用寒暄打开话题

当你第一次与一个新客户会面时，客户在刚开始的半分钟内所获得的刺激信号，一般都会比以后10分钟里所获得的要深刻得多。但在大多数情况下，销售人员对自己的第一句话往往处理得不够理想，大多是一些起不到什么作用的废话。比如人们总是习惯性地使用一些与销售无关的开场白：“很抱歉，打搅您了，我……”“哟，几日不见，您又发福啦！”“您早呀，大清早到哪儿去呀？”“您不想买些什么回去吗？”

试想一下，如果客户在听到第一句话时，集中注意力而获得的只是一些与销售主体无关的信息刺激，那么与客户面谈的开场就有可能遭遇挫折。所以，不管销售何种产品，会见客户时的第一句话至关重要。当销售人员开口说第一句的时候，也正是客户精力最集中、被你全部吸引住的时候。因为根据你的第一句话，很多客户基本上就可以决定是否还要谈下去。

销售人员的第一句话是问候语，这是打开话题，博得客户好感的一种最容易、最直接的方法。所以一定要注意这种问候的恰如其分，第一句问候语如果过于热情或者过于亲昵，往往就会适得其反。问候的话语要因时、因地、因人不同。对于每一位新客户，销售人员在与其见面的短暂瞬间，要通过准确的观察判断，来选择最恰当的问候方式。美国销售专家汤姆·霍普金斯曾说："你要学会用至少三种方式来迎接客户。"这也道出了问候之中细微差别的重要性。

一家刚刚进入中国市场的欧洲系统集成商销售人员与某地方移动通信公司某部门负责人进行沟通，销售的产品为一种可以解决移动通信行业系统堵塞的网关系统，通话时间为农历新年期间。具体对话如下。

销售人员：早上好，张经理，现在方便接电话吗？

客户：方便方便，你是哪位？

销售人员：我是德国海天的刘学友，我们是一家专注于移动行业系统集成的服务商，同时也是沃达风的战略合作伙伴，今天打扰您是特意跟您问一声新年好，同时也想请教您一到两个问题，可以吗？

（电话销售人员所在的公司在国内默默无闻，所以他特意提到"德国"两字，利用德国产品的良好形象给自己公司增加印象分；至于提到自己公司是欧洲一家大运营商的战略合作伙伴，则是从另一方面证明自己公司的实力。）

客户：谢谢，也祝你新年好，有什么问题？

销售人员：最近我在报纸上看到消息说，广深移动系统在春节高峰期的时候，因为对手机短消息的处理能力不够，造成客户的许多短消息在繁忙时间不能成功发送，结果造成很大损失，所以想找您问问，是有这回事吗？（看来事前电话销售人员已经做了很细致的准备工作，找到了客户的痛点。）

客户：是有这回事，你的消息很灵通。

销售人员：那么顺便问一下，张经理，在最高峰的时候，客户如果发十条短消息，最终有多少条成功发送呢?

客户：差不多只能发送三四条吧。

销售人员：那么，张经理，如果我们能够帮您解决这个问题，可以再耽误您几分钟的时间吗?

客户：没有问题，如果你们真的可以帮助我们解决这个难题，多少时间都可以。

手机用户想要发短信，却因为堵塞问题不能够成功发送，这是客户十分想要解决的一个问题。客户就很清楚这个电话最终能带给他的巨大价值，于是销售人员接下来的话，客户自然而然会有很大的兴趣。

要想一开始就抓住客户的注意力，一个最简单的办法就是去掉那些空泛的言辞和一些多余的寒暄。而且在表述时必须生动有力、语句简练、声调略高、语速适中。说话时要目视对方双眼，面带微笑，表现出自信而谦逊、热情而自然的态度，切不可拖泥带水、支支吾吾、唯唯诺诺。

成功的销售人员认为，一开场就使客户了解自己的利益所在，是吸引对方注意力的一个有效思路。

比如："您知道一年只花几块钱就可以有效防止火灾、水灾和失窃吗?"保险公司销售员开口便问顾客，对方一时无言以对，便会表现出很想得知详情的样子，于是销售人员又赶紧补上一句："你有兴趣参加我们公司的保险吗?我这儿有20多个险种可供选择。"又如，某叉车厂销售人员问搬运公司管理人员："您希望缩短货物的搬运时间，并为公司增加20%的利润吗?"对方一听，马上就会对上门访问的销售人员表现出极大的热情。

在上述两例中，如果销售人员直截了当地问对方，是否需要参加保险，是否想购买叉车，而不是以问话的形式来揭示参保、买叉车给他们带来的好处，那么其效果显然就会差一些。

所以，在开场白中，销售人员应开门见山地告诉客户，自己可以使客户获得哪些具体利益。这样的开场白肯定能够让客户放下手头工作，去耐心倾听销售人员的详细介绍。

以坦白自己的来意开场

销售人员在面对一些客户时，有时候向对方坦白自己的来意与目的，比遮遮掩掩地开口效果会更好。只有首先让客户知道他需要什么，才能使他觉得如果这项交易不能达成，那么对于他来说将会是一大损失。

如果你是一个药品销售员，一进药店的大门，就可以大胆地向对方表明自己的来意："您好，我是 ×× 制药公司的 ×××。我今天来是要跟贵店洽谈代销药品的事情……我真心地希望能跟贵店合作，希望贵店……"

在这个开场白中，如果你没有这一番直接道明来意的介绍，没有很清楚地向药店店员说明此次前来的目的，没有表明自己的合作诚意，药店店员则很可能将你当成一名普通的消费者，为你提供推荐药品、介绍功效等服务。而最后你突然说："我不是来买药的，我是 ×× 厂的销售员……"那么药店店员就可能会有一种强烈的被欺骗的感觉，马上就会对你的药品销售产生反感。这时，你要再想展开销售工作肯定就困难了。

如果客户能够对销售人员的话题感到好奇，就等于让客户闻到牛排的香气，听到炸牛排的吱吱响声，但客户却看不到牛排在哪里，从而让客户产生一种渴望，希望了解事情的真相，自然就产生兴趣了。

如果一位销售人员知道怎样通过开场白让客户产生兴趣，那么他的业绩一定出类拔萃。

杨文化到广州之后的第一天，想尽快找到一份工作，见面的对象是一家电器公司人力资源部的李先生，对话内容如下。

杨文化：李先生，您好，现在接电话方便吗？

李先生：方便，您是哪位？

杨文化：我姓杨，您叫我小杨就可以了，很荣幸通过朋友的介绍拨通您的电话，今天冒昧打扰您是有一件事情想要请您帮个忙，大概会耽误您一到两分钟的时间，可以吗？

（自我介绍表明是小杨，是对客户的尊重，关键是当小杨十分有礼貌地对李先生说"有件事情想要请您帮个忙"的时候，对方会很好奇自己究竟可以帮对方什么忙，对话就可以顺利地进行下去了。）

李先生：什么事情？

杨文化：其实我是一位刚到广州的年轻人，我是希望能够寻求一个在电器行业发展的机会，我以前从事过家用电器行业的工作，而且有过非常成功的经验，我百分之一百、百分之一万地相信自己可以帮助贵公司提高卖场销售的业绩。今天打电话，只是希望您能给我一次五分钟的见面机会，向您当面介绍一下我用什么样的策略与方法可以帮助贵公司提高销售业绩，您看好吗？

李先生：原来是这样呀，好，那你过来吧！

（成功获得约见的机会，解决了工作和生存的问题。）

培训公司的销售人员苏楚生与互联网行业客户陈醒对话，销售的具体产品为苏楚生所在公司的网络学习课程，开场白中引发客户兴趣的部分内容如下。

苏楚生：早上好，陈经理，现在接电话方便吗？

陈醒：方便，哪位？

苏楚生：我是德威的苏楚生，陈经理，今天我打电话给您是向您真诚道歉的，希望您接受！

陈醒：道歉？你为什么要道歉？

（客户听了这通莫名其妙的道歉，根本搞不清楚发生了什么事情，这个叫做苏楚生的人为什么要道歉？对客户而言，这是一件非常奇怪的事情。）

苏楚生：是这样的，陈经理，前几天我们公司组织了一次针对互联网行业的调查活动，主要是想了解目前互联网行业销售人员与客户沟通的能力，所以我们对咱们××公司进行了一次调查，但事前并没有通知您，所以希望您看在我们很努力的分儿上，不要放在心上，好吗？

（给出道歉的理由。）

陈醒：原来是这样呀，其实也没有什么关系。

苏楚生：谢谢您的大度，不过小苏既然今天给您打了电话，如果您不介意的话，我将对咱们××公司销售人员沟通能力的调查结果向您作个简短的汇报，也算是补偿，可以吗？

（客户是负责销售这一块的经理，对自己手下员工的沟通能力自然十分关心，也很好奇自己的下属现实工作中是如何和客户沟通的。）

陈醒：可以，可以！你说说看，是什么结果？

苏楚生：不过陈经理，如果我说到贵公司的销售人员做得还不够完善的地方，还可以再加强一点的地方，您不会怪我吧？

（一般公司领导最关心的就是自己员工做得不好的地方，总是喜欢找员工的缺点，尤其是别人怎么看待自己的手下，所以更加感到好奇。）

客户：不要紧，你照直说就最好！

每个人内心都有获得别人理解和赞美的渴望，这是人的天性，如果销售人员能够找到赞美客户的话题，谈论客户自豪的事情，于情于理客户无论如何都要给这个可爱的人几分钟时间，对话就进行下去了。

东方人才市场的张惠琳与物流公司客户黄启舟的对话，大家可以看看销售人员的实际做法。

销售人员：早上好，黄总！

客户：早上好，您哪位？

销售人员：我是东方人才的张惠琳，刚才我和您那边的刘经理通过电话，他说您是这方面的专家，我的问题只有您才可以回答，所以看看您是否可以给我一点建议？

（销售人员说和刘经理通过电话，是找了一座桥，让客户有了一定的想象空间，不会直接拒绝。至于“只有您才可以回答的问题”，是对客户一种由衷的赞美。）

客户：什么问题？你先说说！

用利益作为开场白

销售中的首因效应就是销售人员与客户面谈时的前一分钟，甚至更短。这个效应结果是否好，将决定此次会面客户是否会如你所愿地听完你的介绍，甚至接受你的建议。然而，大多数情况下，你会发现，你刚做完一个开场白，就被礼貌或粗鲁地拒绝了。这是为什么？答案在于你的开场白可能不够精彩，不够吸引人，客户不可能愿意与你交谈下去。再简单一点说，你的开场白没有让客户觉得他会得到什么利益。根据心理学定律，虽然我们经常说不要以第一印象来评判一个人，但我们的客户却经常根据第一印象对销售人员进行评价。在销售中，开场白的好坏是决定这次面谈能否进行下去的一个关键因素。

如果销售人员提出一个客户能够产生关联的问题，并且这个问题能让客户感受到较强的刺激，基于人性的本能，客户的思维模式就会转向这件有刺激性的事情，也就是说，客户就会产生兴趣。

南方电脑公司销售人员与客户的具体对话过程如下。

销售人员：早上好，李老板，不好意思打扰您了。

李老板：哪里，哪里，有什么事情？

销售人员：我是南方公司的小黄，是这样的，李老板，今天我特意来拜见您，是想向您汇报一个严重的问题！

李老板：什么严重的问题？

（销售人员说是有严重的问题，但到底是什么严重问题并没有明说，客户会感到一丝紧张，自然会想了解到底是什么事情。）

销售人员：李老板，昨天我们公司的工程师对您公司的系统进行了一系列的测试，他们认为其中有很大的隐患，只是不知道当说不当说？

（我们越是告诉别人当说不当说，越是卖关子，越是只说一小部分的信息，别人越是有兴趣，刺激感越强，这是人的本性使然。）

李老板：不要紧，你直接说吧！

销售人员：好的，通过研究，工程师发现其中的一组服务器存在系统漏洞隐患，不仅有可能会破坏数据，还有可能会引发整个系统的崩溃，您那边的技工也表示前段时间就发生过系统全部死机的现象，我了解到您是负责这块的，所以如果您不介意的话，我想和您共同探讨系统漏洞产生的真正原因。

李老板：好的，那么你们认为真正的原因在什么地方呢？

（造成系统死机的漏洞，这还了得，客户当然有兴趣了解，要不再出了问题就很难向公司交代了。）

开场白开得好，有三个方面的好处：一是创造了良好的销售气氛，二是引起了对方的兴趣，三是做好了交谈的准备。之后进入正题，有利于销售顺利进行，取得比较圆满的结局。

但在实践销售的过程中，一些销售员不懂这一道理，见了客户张口就说买不买，闭口就问要不要，这种开场白十有八九是要碰壁的。其原因在于，在客户未接受你之前，你谈论产品、销售，客户本能的反应就是推却、拒绝，让你及早离开。一条销售戒律就是：一开口就谈生意的人，永远只能是二流的销售员。

在客户未开口之前，亲切地与对方打招呼、问候是非常重要的。开场白中做自我介绍是很自然的，毕竟销售人员需要告诉客户自己是谁，代表哪个公司来与客户接洽，简单明了地说明自己来自什么公司、详细姓名等基本信息是非常重要的。同时，你要以诚恳的语气音调，对客户能够拨冗接听表示感谢。中国是礼仪之邦，一般在有礼貌地感谢的情况下，可以为自己争取到更多的时间和客户进行沟通，从而更加有效地销售产品。

让开场白更有创意

在销售中，我们总是有可能遇到一些很难缠的客户，不管我们如何说，他就是“现在很忙”或者“马上要开会”，在这种情况下，与其强行销售而被客户不耐烦地拒绝，不如顺水推舟，欲擒故纵，“既然您这么忙，不如我一个月后再打过来，好吗？”客户正是求之不得，然后销售人员做好记录，到了一个月后，真的准时打过去。因为客户之前有过承诺，所以他不太好意思再次拒绝，而且这么锲而不舍的销售人员，会打破客户对于销售人员的负面印象，基于对你的尊重，客户也会听听你接下来的内容。

销售人员：早上好，韩经理！

客户：你好，哪位？

销售人员：我是金威公司的张浩然，韩经理，之前我们约好今天给您打电话的，您还记得吗？

客户：哪位张浩然？我们什么时候约好的？

（客户一般不会记得自己一个月以前随便拒绝的一位销售人员。）

销售人员：韩经理，在上个月的11日上午9点50分，也就是正好一个月之前，我给您打过一个电话，不过当时您很忙，然后我们约好在一个月以后，也就是今天上午9点50分再联系，我想既然答应过您，所以今天上午准时给您回过来，您还有印象吗？

（客户其实听完之后也明白是怎么一回事，不过他会对这位销售人员表示尊重，再加上电话销售人员既然已经言而有信，客户自然要为自己说过的话负责。）

客户：哦！有一点印象！对了，上次我们谈的是什么样的事情？

激发客户兴趣的方法其实有很多种，在实际的销售工作之中，销售人员也可以总结出一些比较有效的技巧，下面这些也可以作为参考：

可以为自己的开场白找一座桥梁，比如“是您的朋友 ×× 让我来见您的”，客户不看僧面也要看佛面，既然是朋友介绍，就需要给朋友面子，最起码先花点时间听听什么事情。

可以提到对方非常关心的人或者事情，比如提到客户主要的竞争对手，“我们刚刚和 ×× 公司、×× 公司有过合作，帮助他们整合物流系统。在 3 个月之内他们的物流费用平均节省约 9 万元”，一般客户最关注的就是自己的竞争对手做得好的或者不好的地方，竞争对手“节省约 9 万元”的物流费用，起码客户想要了解竞争对手到底是如何做的。

也可以先给客户发一些信息、邮件或者寄小的样品与礼物，然后以这些作为切入口，“上次寄给您的样品，不知道您感觉怎么样”，如果客户收了你的礼物，因为你之前已经有过付出，就不太好意思马上拒绝你。同样的道理，在开始交谈的时候提到“我昨天看了一下贵公司的网站”，这说明你打电话之前花时间做功课了，客户因为销售人员的付出，一般会为这种善意表示回馈，多给一点点时间。

以回访的名义作交叉的销售也是很好的方法，比如“不知道上次的打印机维修服务您是否满意，打印质量还好吗”，然后再切入到耗材的话题，如果有这样的可以借用的资源，大家要善加利用。再举个例子，招行下属的保险公司在销售保单的时候，都会先说“您是我们的信用卡金卡用户，今天打电话给您是……”（如果你是该银行的信用卡客户，曾经接到类似的电话，好好回忆一下该公司销售人员的开场白），再一步一步引导到保险上面。

还可以给自己公司顶一块非常响亮的招牌，让客户听了之后无法抗拒，很多北京的公司都会这样做，如“我是中国 ×× 协会的，或者中国 ×× 单位，现在推出了 ×× 政策，需要你们配合……”等，客户听到之后心里面想是不是机关事业单位找他，不太敢直接拒绝。

总之，如果是第一次与陌生客户见面，销售人员的开场白要尽量避开客户的固定思维模式，因为客户之前接到过太多类似的销售电话，就会引发客户的自然推理想象，清楚你是做课程销售的，从而引发客户的条件反射拒绝心理。要用另外的方式想办法避开这种客户的正常思维模式，找到适合你的产品的创意式开场白，一定要以最快的速度激发客户的好奇心和继续了解的欲望，将对话先进行下去了再说，至于接下来如何去做，做得好还是不好，是另外一个问题，起码销售人员能够为自己赢得一定的对话时间。

销售员的经典开场白

我们经常说一个人会说话，其实并不是指他在别人面前如何侃侃而谈，或同样一件事经他嘴一说就能天花乱坠，而是说他说的每句话都能起到真正作用。古语说得好：“山不在高，有仙则灵。”销售也一样。如果只是不着重点地废话连篇，可能根本抵不上一句有根有据的话所能发挥出的作用。俗语“豆腐多了都是水，话多了都是唾沫”说的就是这个道理。

1903 年 12 月 17 日，是人类第一次驾驶飞机离开地面飞行的日子。美国发明家莱特兄弟完成了这一历史创举后，到欧洲旅行。在法国的一次欢迎宴会上，各界名流都来庆祝莱特兄弟的成功，并希望他们能给大家说说话。再三推托后，大莱特走向了演说台，而他的演说仅有一句话："据我所知，鸟类中会说话的只有鹦鹉，而鹦鹉是飞不高的。"这句精彩的话，博得了全场热烈的掌声。

事实上，莱特完全可以详尽地介绍自己科学发明的经过，也可以谈论自己的实干精神。但是他并没有这样做，而他的一句话已高度地概括了创造的艰难和埋头苦干的精神。就是这样一句话，足以留给观众深刻的印象。

如果销售人员在接触客户说开场白时，能和客户谈论一些家常，就能很好地增进彼此的亲切感，从而为下一步的销售工作打下良好的基础。

"您就是郝经理吧？您好，听口音，您是山东的吧？"

"哦！您也喜欢养花啊？"

所以，如果发现客户和你是老乡的话，就可以用方言来进行交谈，说说家乡的风土人情；喜欢养花的，可以谈谈种花之道。这样与客户有共同话题，聊起来也能增进感情，拉近距离，销售也是水到渠成的了。

下面就看一下这位销售员将这些不同的开场白方式运用起来的效果。

李先生："张老板，您好！您这么忙还要打扰您，真是不好意思。这是我的名片，请多指教。"

张老板："哦！李先生呀，您好！"

李先生："不知道张老板平常都有哪些休闲活动？"（谈论

客户的一些兴趣爱好。）

张老板：“我每星期有两个晚上去上软件设计的课程，星期日有时会带小孩去公园或动物园。”

李先生：“真不简单，很佩服您，工作这么忙，还能坚持学习。您有几个兄弟姐妹？”（拉起家常，彼此寒暄。）

张老板：“有一个哥哥、一个姐姐、一个妹妹，我是老三。”

李先生：“他们都在哪里高就？”

张老板：“姐姐自己开一间化妆品店，哥哥在银行工作，妹妹是一家私人企业的职员。”

李先生：“都挺不错的嘛！”

张老板：“哪里！”

李先生：“你们平常经常联系吗？”

张老板：“不太经常。只有在假期时大家才会一起出去玩，或吃吃饭，聊一聊。”

李先生：“您平常如何做理财的计划呢？”

张老板：“没有啦！一个月才几千元的收入，能做什么理财计划？”

李先生：“那您买保险了吗？”

张老板：“有啊！”

李先生：“一年大概交多少保费？”

张老板：“大概2000多元吧！”

李先生：“当初买保险是出于什么目的呢？”

张老板：“因为现在大多是小家庭嘛！万一我有个三长两短，太太和孩子怎么办？总要为他们想一想吧！”

李先生：“您真是一个负责任的好父亲呀！”

张老板：“哪里！哪里！”

李先生："如果现在有一个项目，能够将您的所学和您的业务专才结合在一起，也就是说，管理和销售一起运用，让您表现得更出色，而且待遇是您目前的两倍，您愿不愿意尝试一下呢？"（切入正题"保险"。）

张老板："当然愿意啦，那是什么工作呢？"

李先生："就是保险行销事业呀！"

张老板："但是，做保险我不会啊！而且我想我大概也不适合。"

李先生："其实大多数人一开始都像您一样，觉得自己不适合做保险，我刚开始时也是这样的。不过，许多东西都是可以学来的，就好像您也不是天生就会电脑一样。我也不敢说您适不适合。刚好我们公司这个星期有一个讲座，您可以过来感受一下。"

张老板："那好。"

该销售员就是在一开始就谈了客户感兴趣的话题，接着赞美了客户，活跃了谈话的气氛，最后又说了一些普通的家常话，像询问客户的家庭成员、在哪儿工作等方面的寒暄都是为了拉近彼此的距离，增进感情，最后成功说动客户加入销售的行列。

这样说，才能唤起客户的好奇心

好奇心是人类所有行为动机中最有力的一种，唤起客户好奇心的具体办法灵活多样，尽量做到得心应手，不留痕迹。在实际的销售工作中，销售员可首先唤起客户的好奇心，引起客户的注意和兴趣，然后道出商品的利益，并迅速转入面谈阶段。

发掘客户的兴趣点

销售的时候，当你无法与客户进行顺畅的沟通，不能顺利介绍产品时，就应该想到这种方法不适用，应该谈些能激发客户兴趣的事，以此作为卖掉产品的切入点，顺利打开客户的心扉。

我们不妨看看最伟大的销售员乔·吉拉德——世界上卖出汽车最多的人，他是怎样运用神奇的销售本领的呢？

有一次，一位看上去十分腼腆的先生走进了汽车展厅，吉拉德主动走过去说：“我有一项特殊的本领，就是能看出一个人的职业来。”那位先生微微笑了一下，并未答话。吉拉德接着说：“哦，我敢打赌，您是一位律师。”

律师在美国是非常受人尊重的职业，即使客户不是律师，你说错了他也不会生气的。因为这恰好表明客户在你的心中是有地位的，你是出于尊重他才这么说的。可是，那位先生并不是律师。他听了吉拉德的话忙不迭地说：“不，不是。”吉拉德顺势问：“那么，您是做什么工作的呢？”那位先生脸上露出一丝羞涩，低头沉思了一下说：“你是不会相信的，我是一个每天都在宰牛的屠夫。”

也许这位客户想象了十种吉拉德的反应，唯独没有想象到，吉拉德竟然激动地说：“哇，太棒了！长期以来，我都在想，我们吃的牛肉到底是怎么来的。如果您方便的话，可以带我到您那里参观一下吗？”

的确，吉拉德这样说并非是敷衍客户，而是真的很想去看看。那位客户被吉拉德的真诚和热情所感染，于是他们热烈地讨论起参观杀牛的事情，20分钟后，这位客户完全被吉拉德所感染，他不仅买下了吉拉德推荐的车子，还邀请吉拉德周末去参观他是怎样杀牛的。

当客户一旦停住脚步想和你聊聊时，仅仅迈出了销售路程上的第一步。接下来，你所做的事情非常重要，就是引导客户进入谈话状态，不仅要使客户喜欢听你说，还要让他喜欢说，从客户的谈话里，你可以初步了解他，分析出他的真正需求是什么。而通过你的谈话，可以让客户了解产品的相关信息，这是销售过程中非常重要的一环。

实际上，说着简单做起来难，销售员与客户的交谈并非易事。很多时候，你会发现经过寒暄后，客户开始沉默不语，那是因为你们之间的交谈热情并不能保持很长时间。如果你没有找到客户的兴趣点，那很容易将沟通带入危险地带。但是，如果你巧妙地激发起了客户的兴趣，并以此展开话题，则更容易引起客户的兴趣，拉近彼此间关系。

有些销售员可能会说：每个人的兴趣都是不同的，对于首次谋面的客户，怎样才能激发出他的兴趣呢?

这就要求销售员学会察言观色。要想从一个陌生的客户身上找到他的兴趣所在，就必须练就察言观色的本领。电视剧《潜伏》里的余则成是个左右逢源的机灵鬼，他能把各种各样的关系都处理得妥妥当当，其实，他的厉害之处就在于他善于察言观色，能从陌生人口中听出对方的兴趣所在，然后有的放矢，加以利诱，无论对方是多么精明的老江湖，都会一不留神掉进他设计好的陷阱里。

对于销售员而言，学会察言观色的目的主要是了解客户的兴趣点，打通前往对方内心的捷径。在沟通过程中，你可以通过客户的言语、表情及肢体语言了解到客户的兴趣所在。譬如，当客户说到某个事物而眉飞色舞时，这表明那是他的兴趣点，相反，如果谈到某个事物时客户紧紧皱眉，或闭口不谈时，则说明他不感兴趣，或者不想谈及。

根据客户的穿戴推测其兴趣点。很多时候，可以从一个人的穿衣戴帽上看出他的个性及兴趣。比如，一个喜欢穿西装的人很可能对时政感兴趣，一个打扮精致的人很可能对时尚感兴趣，一个浑身装扮是同一色系的人很可能酷爱那种颜色，一个在手机上贴了很多卡通图案的人很可能是动漫爱好者，等等。只要注意观察，销售员就能从客户的装扮上发掘到他的兴趣点。

杨娟娟是幼儿画册销售员，她的产品主要是针对3岁以下婴幼儿，画册使用特殊材料制成，既不易扯破，也不含有害物质，即使被小孩子放到嘴里嚼也不碍事。某天下班回家，杨娟娟在搭乘地铁时看到一位奇怪的女士，那位女士看上去30多岁，却穿着一件印有维尼熊的大衣，不仅如此，她的背包上、围巾上、手套上都印有维尼熊的图案。杨娟娟想，这多半有特殊意义，于是主动与那位女士搭讪起来："小熊维尼很可爱，想必您很喜欢它喽。""哪里啊，是我的儿子很喜欢它，他都把我变成熊妈妈了。"说完，脸上洋溢起幸福的微笑。杨娟娟接着说："您的儿子肯定很可爱，但肯定也很淘气。"那位女士幸福地抱怨说："是啊，是非常可爱，但也确实很淘气，我们邻居家有个2岁多的女孩，可踏实了，我儿子跟她差不多大，闹腾极了……"从这位女士的谈话里，杨娟娟找到了她的兴趣所在，那就是孩子。最后，围绕淘气的孩子，杨娟娟自然而然提到产品。

我们从这个案例可以看出，一个人的服饰装扮可以透露出很多信息。只要销售员仔细观察、用心分析，总会找到兴趣点所在。

如果销售员不能从客户的装扮中找到其兴趣点，不妨为客户制造一些兴趣点。一般情况下，人最感兴趣的通常是与自身相关的事物，销售员可以由此为客户制造兴趣点。譬如，客户的桌子上放着一个奖杯，销售员不妨说："您可真棒，在这么大的公司里获得年度优秀奖可是非同一般啊！"如果客户的桌子上放着家人的照片，销售员则可以夸一夸照片，"您的儿子长得真可爱。""您与太太真有夫妻相啊！"，等等。

有时候，遇到冷场或是没有交谈话题时，这些都是既为对方兴趣点又可缓和气氛的话题。成功学大师卡耐基说："寻找他人的兴趣点，并表露你自己的，交谈将更加容易继续。"很多时候，通过客户的语言和服饰装扮就能找寻到其兴趣点所在。

如何唤起客户的好奇心

在销售的时候，销售员可以通过唤起客户的好奇心，引起客户的注意和兴趣，然后迅速转入面谈阶段。好奇心是所有人类行为动机中最有力的一种，唤起好奇心的具体办法可以灵活多样，尽量做到得心应手，运用自如，不留痕迹。

有时，销售员可以用一句大胆的开头来唤起客户的好奇心。销售人员可以在言语的基础上，加一些技巧或花招。

20世纪60年代，有一位相当优秀的销售员，他有个名副其实的绰号叫做"花招先生"。他拜访客户时，会把一个3分钟的蛋形计时器放在桌上，然后说："请您给我3分钟，

3 分钟一过，当最后一粒沙穿过玻璃瓶之后，如果您不要我再继续说下去，我就会离开。”他会利用蛋形计时器、闹钟、20 元面额的钞票及各式各样的花招，让他有足够的时间，让客户静静地坐着听他说话，并对他所卖的产品产生兴趣。“某某先生，请问您知道世界上最懒的东西是什么？”顾客摇摇头，表示猜不准。“就是您存起来不花的钱，它们本来可以用来购买空调。让您度过一个凉爽的夏天。”销售员说。

首先制造一些悬念，引起对方好奇，然后再顺水推舟地介绍产品。

客户往往会被他的那一番饶有兴趣的话语和动作而吸引。进而他才有机会向顾客介绍产品，客户购买是从了解开始的。

百大公司是美国最大的生产黑人化妆品的企业，而杰克的公司是一家只有 100 万美元注册资金的黑人化妆品生产商，简直没有可比性。可是现在，杰克公司的知名度已经与百大公司并驾齐驱了。杰克的生产规模一直不大，广告投入也少，那么它是怎样获得这种效应的呢？

很简单，杰克公司除了保证产品质量外，它靠的就是屈居第二的销售法。它在自己的广告中这样说：“百大公司是化妆品行业的金字招牌，您真有眼力，买它的化妆品很合算。不过您在使用它的化妆品后，再涂上一层杰克公司的水粉护肤霜，准会收到意想不到的奇妙效果。”那些买得起百大化妆品的黑人，并不在乎多买一瓶杰克水粉护肤霜试试，借此契机，杰克的产品也就堂而皇之地走进了千家万户。

销售员在与客户面谈时，需要适当的话语。能引起客户的好奇心就已经是销售成功的一半了。在实际的销售工作中，销售员可首先唤起客户的好奇心，引起客户的注意和兴趣，然后道出商品的利益，并迅速转入面谈阶段。好奇心是人类所有行为动机中最有力的一种，唤起好奇心的具体办法则可灵活多样，尽量做到得心应手，不留痕迹。前面提到的杰克公司，就是通过百大公司的产品名声唤起了购买杰克公司产品的客户的好奇心，然后在此基础上将自己的产品销售出去。

销售员为了接触并吸引客户的注意，有时还可用一些大胆的陈述来引起他的好奇心。当人对某一事物产生好奇的时候，便有了努力去探讨的愿望。销售人员要想使自己的产品引起客户的兴趣，就要设法使客户对产品产生好奇。好奇心是“心灵的饥饿”，没有人可以抵挡住好奇心的诱惑。当你试图与客户建立联系却遇到难以克服的障碍时，就需要利用人们与生俱来的好奇心理作为攻坚利器，借助客户的好奇心理与客户建立起联系。

销售员利用客户好奇的心理，引起客户的关心和注意，心理学上叫“出奇制胜”。所谓“出奇制胜”就是使对方产生好奇和疑问。

一个很年轻的女销售员突然闯入一个单位的办公室，刚进门突然大声地说：“下午好，请允许我唱首歌。”接着就开始唱起来，“橡子，骨碌骨碌转，橡子，不好了，掉进水池里了。”结果，她用大得吓人的声音唱完一首童谣，然后说：“某某公司的绝美食品正在进行巡回销售活动，请买一点尝尝吧！”想都想不到的销售方法，让人不得不多注意她。办公室的人都被她这种奇怪的举动折服了。

唤起客户的好奇心是一门综合艺术，它涉及外表、口头语言、肢体语言、行为、礼仪和光学信号等元素。唤起好奇心的方法多种多样，绝不仅仅是音乐制品金牌销售员在他黑色展台上粘贴白色问号那么简单。唤起好奇心的语言更是丰富多彩，不再仅仅是单调地向客户说：“先生，请您仔细想想，您今天遇到了什么特别的事情？”娴熟的暗示技巧和机械的暗示程序并不是总能使客户自然而然地产生好奇心，你还需要了解客户的特殊兴趣、特殊需要、特殊问题或愿望等。任何事情都有一定的承受限度，好奇心的利用也同样如此。如果销售人员过度利用这种手法的话，会使客户的心情过度紧张，给客户造成压力，销售效果反而会大打折扣。销售过程中，运用适当的手法唤起客户的好奇心，使客户对你的产品产生进一步探讨的欲望，这是销售中惯用的手法。

先做朋友，再谈销售

鱼找鱼、虾找虾、黑猪就爱找老鸦。人们往往喜欢和志趣相投的人在一起，喜欢跟和自己有着共同兴趣爱好的人聊天、交朋友。大多数客户一般不喜欢跟一见面就一味销售其手中产品的销售员打交道，但客户并不拒绝和自己有共同兴趣爱好的销售员，甚至还主动和这样的人交流，从而成为好朋友，进而乐意购买该销售员的东西。

优秀的销售员明白，从客户的兴趣爱好入手，先和客户成为好朋友，再做生意，这样你想卖出什么都变得轻而易举了。实际上，这是一条稳拿订单的“必杀技”。

厨房用品销售员刘金山很想在一家大型商场里举办一次整体厨房用品促销活动。然而，他已经提出拜访商场主管8次了，眼看着距离预期的活动时间越来越近，但商场主管还是没有理会自己，并且拒绝见面。无奈之下，刘金山只能寻求其他的接近商场主管的办法。经过多方打听，刘金山得知这位主管是个超级篮球迷，并且还是凯尔特人队的忠实球迷。于是，刘金山通过商场主管的秘书，递了一张纸条给主管："下周的比赛，肯定是马刺队大胜凯尔特人队。"没曾想，5 分钟不到，商场主管就让秘书请他进办公室。

刘金山一进门，商场主管就对他嚷道："马刺队怎么可能会赢？我认为一定是凯尔特人队大胜马刺队。"刘金山听主管说完后，才说出自己的见解，并且认为凯尔特人队下周肯定赢不了马刺队。主管听得非常认真，兴致勃勃。这个时候，他们根本就没有谈促销的事情。在谈了 2 个多小时之后，刘金山才起身告辞，并且拿出了一张门票递给主管说："票就在这里，抽空我们一起去看看这场比赛，看谁的预测准确，你意下如何？"商场主管很高兴地收下了门票，并且还一个劲地坚持自己的判断肯定不会错。

告别时，手上拿着刘金山送的门票的商场主管忽然对刘金山说："听说你准备在我的商场里举办厨房用品促销活动？这样吧，我们一起好好策划策划。弄完了这事以后，我们再一起去看球赛，我要你和我亲眼目睹我的凯尔特人队是如何狂胜你的马刺队的！"很快，这次的厨房用品促销活动圆满举办。刘金山和主管也成为了很要好的朋友。

对于所有的销售员来说，要想持续地从客户那里拿到订单，就必须先和客户成为朋友。如何才能跟客户成为好朋友呢？从客户感兴趣的事情入手，和客户谈论其最喜欢谈的事情。想多拿订单，就必须多花些心思去了解客户的爱好和兴趣。当你在这上面找到了切入点，你就能和客户成为朋友。当你和客户建立起了彼此珍惜的好朋友关系后，你的生意就会很好做，订单就会很好拿。

客户觉得对自己有好处，就会感兴趣。刚才谈到的是让对方对你这个人感兴趣，从而和你成为好朋友，进而完成销售，拿到订单或者达成某种目标。接下来，我们谈谈如何让客户对你的产品感兴趣。

在与客户面谈中，需要引起销售员注意的是，客户的印象仅靠介绍不一定很深，也不一定完全相信，肯定不如一边听，一边再有些其他的配合来得好。百闻不如一见。要了解一件事情，与其让别人解说一百遍，不如自己亲眼看一次，它表明了视觉对于认识事物的重要性。同样，有人认为在了解商品的性能时，触觉也同样重要。因此在销售领域也有“百闻不如一摸”的说法。

比如说你在销售食品时，让顾客闻到你销售食品的香气，或让他尝一下这种食品的独特味道，一定更容易引起他对食品的兴趣甚至购买欲望。可见，要想继续保持顾客的注意力，引起其兴趣，就应给顾客以多种感官刺激，以证实商品的这些特性确实存在，并能为顾客所用。

要证实你的产品对客户有好处，最常用的办法是示范。所谓示范就是当着客户的面展示并使用产品，以显示出你销售的东西确实具备能给客户带来某些好处的功能，以使顾客产生兴趣和信任。

熟练地示范你销售的产品，不仅能吸引客户的注意力，更能使顾客直接对产品发生兴趣。可以说，在销售中，引起客户兴趣的主要手段就是示范。示范最能给人以直观的印象，示范效果如何将决定销售成功与否。那么怎样才能使示范动作富有新奇感和趣味性呢?

卖胶水的销售员让顾客在一页纸的一端涂上胶水，然后粘在一本厚书上，并用这页纸把书提起来。他用这种方法向顾客显示了胶水的黏合力；灭火剂销售员把要销售的特殊灭火剂泡沫喷洒在手上，然后用喷灯对着手喷射，手上却没有火苗。这样的示范，比用灭火剂扑灭任何大火的效果都要好；一家铸沙厂的销售员为向铸铁厂销售铸沙，当他会见该厂的采购经理时，一声不响地摊开一张报纸，从皮包里取出一袋沙突然倒在报纸上，顿时尘土飞扬。采购经理咳了几声大吼："你干什么？"这时销售员才说："这是贵公司目前采用的沙，是我上星期从生产现场取来的样品。"说着，又在地上铺开另一张报纸，接着取出一袋沙倒在纸上，却不见尘土飞扬。这使得采购经理很诧异，兴趣马上就来了，并马上主动与该销售员洽谈了起来。最后，销售员又开拓了一家大客户。

因此，只要示范能有效地吸引客户的注意并引起其兴趣，就能很容易赢得客户，拿下订单。

可以说，销售员所做的一切努力，都是为了引来客户的兴趣，从而购买你的产品。总而言之，只要你能够发现客户的兴趣爱好，投其所好，和其成为朋友，就能轻松拿到订单；只要你能够让手上的产品引起客户的兴趣，使其发现该产品能给其带来好处和利益，客户就会主动购买；只要你让客户亲耳听到、亲眼看到、亲手摸到、亲自闻到和尝到，客户就会更容易购买你的产品。所以，说些令客户感到好奇的问题，是一条稳拿订单的"必杀技"。

巧用激将法

一家挨着一家的皮鞋店构成了这条商业街一道亮丽的风景。你看，橱窗里的样品鞋犹如鲜花店的鲜花一样，被店老板收拾得争奇斗艳，夺人眼球。可生意难做，大部分店老板都皱着眉头，与橱窗里争奇斗艳的皮鞋形成巨大反差。赵国威的“国威鞋店”情况就大不一样，老板们称赵国威有绝招。什么绝招呢？原来，他的“绝招”就是“巧用激将法”，让犹豫的生意好做了。

一位很时尚的女孩看中了该鞋店的一双新式皮鞋。她站在柜台前拿着鞋翻来覆去地看，问一些无关紧要的问题。很明显，她看中了这双新式皮鞋，但又因它的价格太贵而犹豫不决。赵老板猜透了这位顾客的心思，于是上前对这位顾客说：“如果这双鞋的价格不能令您满意，您是否再看看别的？”“不不不，就要这一双。能不能优惠一些？”“能，给您优惠5元。”赵老板说道。就这么简单，这位女孩很坚定而且干脆地买下了那双皮鞋，前后不到10分钟。

赵老板的问话乍听起来似乎很简单，但仔细琢磨，很简单的问话当中实际上藏有很深的奥妙，它有效地激发了那位女孩的好胜心，所以，这笔犹豫的生意果断地成交了。那么，人们不禁要问：犹豫的生意怎么就好做了呢？激将法怎样刺激顾客的好胜心？掌握这门销售技巧难吗？

其实，这样的生意最容易“黄”。在生活中，有的人心比天高、貌似强大，有的人嫉妒心强，有的人前怕狼后怕虎，有的人做事果断从不拖泥带水……这是每个人的不同特点，但这些特点在特定的场合表现出来后，假如遇上别人语言上的刺激，那么，他又会马上向相反的方向转变，并且表现得非常坚定。仍以赵老板接待的那位女顾客为例，假如他不开口说一句话，任那位女顾客“自由选择”，那位女顾客很可能在“犹豫不决”中放弃购买。再假如赵老板换另外一种语言劝说那位女顾客，比如“这是今年最流行的款式”，或者“价格不贵，不信您去别处转一转”，再或者“买不买？不买问这么多干嘛？”，甚至“好东西哪有不贵的？”这样会出现什么效果？十有八九不理想。所以说，这样的生意最容易“黄”，可这样的生意在“激将法”面前又最容易成功。

可以说，激将法是通过触发有些顾客的好胜心，促使顾客在犹豫不决时作出果断的购买决定，是一种极佳的销售技巧。用循循善诱的激将语言，诱导顾客而不是挖苦顾客、伤害顾客的好胜心。比如赵老板的一句“如果这双鞋的价格不能令您满意，您是否愿意再看看别的？”这不仅尊重了顾客，频频使用“您”这种敬辞，未说出顾客“嫌价钱贵”的心理，而是采取了婉转的语言将各自内心的想法沟通，尤其是后半句“您是否愿意再看别的”，一下子点中了顾客“犹豫不决”的要害，促使那位顾客向决断方向快速转化，结果生意愉快地成交。值得一提的是，有的销售人员往往是不猜顾客的心理变化，不看顾客挑选商品时犹豫不决的神态，不分析顾客表面上看与购物不相关、实际上是喜欢的话，就不耐烦，说些不中听的话，结果到手的生意却丢了，甚至得罪了顾客，给自己的生意制造了种种不确定的隐患，实在是商家之大忌。有的销售员生意不好做，仅仅认为是“竞争对手过多”的原因，而不首先从自身的销售技巧去分析，就更是大错而特错。甚至有的人生意跨了最终也未找出真正的原因。

用提问唤起客户的购买欲望

作为一名业绩不佳的销售员，你也许时常觉得难以理解：为什么同在一家公司里当销售员，销售同样的产品，最终业绩却有天壤之别？为什么有些销售员总是业绩平平，有些人却能屡创销售奇迹？为什么有些销售员被顾客视作讨厌鬼，有些人却能让顾客主动上门来购买？为什么有些销售员拿一份订单都很费劲，有些人却能轻松就拿一大把？

为了回答这些问题，不妨来看看金牌销售员乔·库尔曼的故事。

他是销售界的传奇人物，是成千上万销售员眼中的偶像，是全美国销售员里收入最高的人之一。在其25年的销售生涯中，他销售出去了超过4万份人寿保险，平均每天5份。因此，他被业界人士尊称为金牌销售员。

能够成为行业里最优秀者，平均每天卖出5份保险，乔·库尔曼必定有其与众不同的成功秘诀。那么，他的成功秘密是什么呢？乔·库尔曼能够成功，其实很简单，关键就在于两点：一是能吃苦耐劳，二是会说话。换言之，正是凭着自己的勤勉和出众的口才，他把人寿保险成功地销售给了一个又一个客户。勤勤恳恳是每一个销售员都容易做得到的，但会不会说话，那就不一定了。我们先通过乔·库尔曼的一个销售故事，看看他是如何说话的吧。

约翰是一家工厂的老板，平时工作非常繁忙。很多销售员都在他面前无功而返，但乔·库尔曼却成功地让这个大忙人接受了自己的销售。他是怎么做到的呢？

见到约翰后，库尔曼便主动地打招呼："您好！我叫乔·库尔曼，保险公司的销售员。"约翰不悦地说："又是一个销售员。别烦我了，我没时间。你是今天向我销售的第10个销售员了，我还有很多事要做，没工夫听你说。就算有时间也不想浪费在你们这些烦人的销售员身上。"库尔曼依然保持着微笑："请允许我做一个自我介绍，1分钟就足够。"约翰有些不耐烦："我很忙，根本没时间听你说话，你快走吧！"

库尔曼当然不会走，只见他低下头来，似乎全然忘记了自己销售员的身份。花了整整1分钟时间去看放在地板上的约翰工厂生产的产品，然后问约翰："您生产这些产品？"在得到肯定的回答后，库尔曼又问："您从事这一行有多长时间了？"约翰回答："哦，22年了。"库尔曼继续问道："真了不起啊！那您是怎么开创您的事业呢？"当他向约翰问到这句话时，这句库尔曼知道充满了魔力的话，果然在约翰身上也发挥了效用。只见约翰放下了戒备，开始慢慢放松地跟库尔曼谈了起来，从自己早年的不幸谈到自己艰苦创业的经历，一口气谈了1个多小时。

最后，约翰热情地邀请库尔曼参观了自己的工厂。这是第一次和约翰的见面，库尔曼虽然没有卖出一份保险，却和约翰成了朋友。先交朋友，后做生意。在接下来的3年里，约翰竟然主动从库尔曼那里买走了8份保险大单。

在与客户面谈的时候，任何一个销售员的最重要的工作都是说服顾客。而要说服顾客，没有好的口才是不行的。要知道，货卖一张嘴，全凭舌上功！

一般来说，人们对陌生的销售员总是心存戒备的，往往以没有时间为由将其打发走。作为销售员，如果面对陌生的客户，你该如何消除对方的戒心，如何让对方和你最终成为朋友呢？很显然，成为了朋友，交易就变得很容易，订单就很好拿了。这时，你需要好口才，需要会说话。例如，你可以像乔·库尔曼那样，用一些恰当的问题来突破客户的心理防线，并用一两句“具有魔力的话”来让客户迅速乐意与你交谈。当客户愿意滔滔不绝地说话时，你就成功了一大半。

在乔·库尔曼和约翰的交谈中，他说出的“具有魔力的话”是“那您是怎么开创您的事业的呢？”这样的话，用来“对付”那些忙得不可开交和已经取得了一定成就的人非常管用，只要你向他们提出这个问题，他们总是能挤出时间来和你聊几句。当然，面对不同的客户，“具有魔力的话”也不一样。在本书里，这方面还会有更深入的探讨。

如果你想让客户成功地购买你销售的产品，就必须想办法让客户和你交谈。如果客户不愿意和你说话，你是很难做成这个人的生意的。这就像俗话说的：“君子若不开口，神仙也难下手。”作为销售员，最怕对方三缄其口。如果遇到这种情况，你就必须想办法撬开客户的嘴巴。

如果你想让客户心甘情愿地买你的产品，你就必须学会和客户说话。事实上，销售的秘诀在于找到人们心底里最强烈的需要。你想让客户买你的东西，你就必须懂得如何满足客户心底里最强烈的需要。那么，怎样才能找到客户内心这种往往深藏不露的强烈需要呢？可以运用这样一个办法：不断地提出恰当的问题。你问得越多，客户便可能回答得越多；客户答得越多，暴露的情况也就越多，这样你就能一步一步地化被动为主动，成功地发现对方的需要，并想办法满足它。

货卖一张嘴，全凭舌上功

在销售过程中，有时候会出现这样的现象：客户并不知道自己内心的真正需要。作为销售员，你很有必要通过不断地提问来帮助对方发现这种需要，如果你能帮助对方发现其内心的真正需要，那么你的销售就变得易如反掌，你拿的订单就会得来全不费工夫。

可以说，销售员经常会遇到像石头一样难以说动的顽固客户。有不少销售员被这样的客户拒绝了几次之后，就会因气馁而放弃。然而，优秀的销售员却会运用自己的卓越口才，融化客户石头般难以感化的心，最终赢得客户的订单。

有的销售员会选择放弃，而有些销售员却能坚持直至成交，这些成功的销售员都明白，销售无非就是货卖一张嘴，全凭舌上功。

杰克逊是阿拉斯加一家食品厂的老板，也是一个被众多保险销售员称为“很难对付”的老头。然而，销售员巴斯图尔克却通过自己出众的口才，向杰克逊成功地销售出了自己所在公司有史以来最大的一笔生意。那么，巴斯图尔克都说了些什么呢？请看两人的对话。

巴斯图尔克：“杰克逊先生，您是否可以给我一点时间，为您说一说人寿保险呢？”

杰克逊：“我很忙，哪有时间跟你闲谈。再说了，跟我谈寿险也是在浪费你的时间。你都看到了，我现在已经63岁啦，好几年前我就已经不再买保险了。如今，我的儿女都已经长大成人，能够好好地照顾自己，即便我有什么不测，他们也有钱过舒适的生活。”

换了别的销售员，杰克逊的这番合情合理的话，足以让其心灰意冷，但巴斯图尔克可不会那么容易死心，他继续说：“杰克逊先生，像您这样成功的人，在事业和家庭之外，肯定还有些别的兴趣，比如对医院、宗教、慈善事业的资助。您是否想过，在您百年之后，它们也许就可能无法正常运转了？”

看到杰克逊没有说话，巴斯图尔克意识到自己的话说到点子上了。于是他趁热打铁地说下去：“杰克逊先生，购买我们的寿险，无论您是否健在，您资助的事业都会继续维持下去。7年之后，假如您还在世的话，您每月将收到5000美元的支票，直到您去世。如果您用不着，您还可以用它来完成您的慈善事业。”

听了巴斯图尔克的这一番话，杰克逊老人的眼睛忽然变得炯炯有神。很快，老人便说：“你说的听上去很不错，现在我正资助着3名传教士，这件事对我很重要。你刚才说如果我买了保险，那3名传教士在我死后仍能得到资助，对吗？如果是真的，那我总共要花多少钱呢？”巴斯图尔克马上把投保的详细资料给了这位老人。最终，杰克逊先生购买了这份寿险。而且，在接下来的几年里，杰克逊还向巴斯图尔克介绍了不少客户。

一般来说，人们买保险是为了让自己和家人的生活有保障，而巴斯图尔克通过出色的口才，终于发现了连杰克逊自己也没意识到的另一种强烈需要——慈善事业。当巴斯图尔克帮助杰克逊找到了这一深藏未露的需要之后，通过购买寿险来满足这一需要对杰克逊而言就成了主动而非被动的事了。所以，货卖一张嘴，全凭舌上功。想轻松拿到订单，话就应该这样说。

与做很多事情一样，销售员在销售路上往往会遇到一些看似无法解决的困难，我们把它称之为销售过程中的瓶颈或黑暗地带。然而，如果我们跨过去了，成功就触手可及，订单就能拿得轻轻松松。如何跨越？要靠销售员的智慧，更靠销售员的口才。

什么是兴趣？简单地说就是令顾客产生“究竟是什么事”的好奇感，或者产生“这似乎对我有益”的想法。在销售活动中，销售员使顾客对商品产生的各种好奇、期待、偏爱和喜好等情绪，均可称为兴趣。它表明顾客对商品作出了肯定的评价。这些都是销售员在与客户交流沟通时所应该注意的，同样这也是了解和确定客户想法的一个有效途径。

可以说，这直接决定了销售的成败。因为让客户产生兴趣在整个销售过程中起着承前启后的作用，兴趣是客户注意力进一步聚集的结果，也是客户产生购买欲望的基础，兴趣的积累与强化便形成了购买欲望。在销售过程中，如果销售员不能设法使顾客对你的商品及时产生浓厚的兴趣，不仅不会激发顾客的购买欲望，甚至会使顾客的注意力转移，使销售工作前功尽弃。

可是，怎样才能引起顾客的兴趣呢？从大量的销售实践来看，顾客的兴趣主要来源于商品的特性。从顾客的角度来看，这些特性能给他带来一定的好处和利益。优秀的销售员都知道，顾客之所以购买某种商品或接受服务，并非是因为顾客对它们有什么特殊的偏爱，而是在寻求购买了这些商品后将给他带来的那些利益和好处。正是深知这一奥秘，某制造商才会经常谆谆告诫其手下的销售员：“我们每年能卖出 100 万台 1/4 英寸的钻孔机，并不是因为客户需要这 1/4 英寸的钻孔机，而是因为客户需要 1/4 英寸的钻孔。”就像人们购买保险，是因为他们相信这样做可以为自己的家庭与亲人提供财产安全保障，而不是因为保险本身。

这样的例子举不胜举。在此，我们只想再强调，每一位顾客在被商品所打动而引起兴趣时，都是因为这些商品可能会给他们带来某些利益和好处。任何一位想拿到更多订单、创造更大业绩的销售员都必须记住和掌握好客户的这种心理。

商品能给人们带来利益，是因为每个商品都有着与众不同的技术特性，或者称为产品的优点。正是商品的这些优点及可能带来的利益吸引着顾客，使他们对商品感兴趣。通常来说，使顾客产生兴趣的商品特性大体上有美观大方、经济实惠、教育性、娱乐性、安全保险、新奇特（时髦）这几种。当然，与商品相辅助的良好的配套服务也能让顾客兴致勃勃。比如，家电产品的“终身保修”等。既然如此，为了尽快引起顾客的兴趣，销售员一开始就要向顾客介绍产品到底有哪些特征和优点。

吸引住你的客户

销售员向客户介绍产品时，不但要让客户听到，还要能看到，甚至还能试验到产品，这样才能加深客户对产品的印象，增加客户的兴趣和信心。在向客户介绍产品的过程中，销售员要边做示范边问客户的感觉，根据客户的要求展示出产品的特点，让客户感觉到产品真正的品质，从而更容易接受产品。商场里出现了这样一幕：

“小姐，这台冰箱为什么比那一台贵那么多？”一位家庭主妇问道。“因为这台要好一些。”售货员小姐答道。“这个我清楚，可是我想知道的是，究竟好在哪里？它有什么突出的优点，要值那么多的钱？”顾客不依不饶。“嗯，这个我不清楚，我只是负责卖的。”

对于销售员来说，仅仅博得客户的好感是不够的，更重要的是赢得客户的信任，使其最终购买你的商品才是最终目的。因此，有关商品的专业知识是销售人员必须掌握的。业务素质应该是销售人员的基础“硬件”。

销售人员销售的对象是商品，但是你应该明白的是，有时候卖商品不如卖效果。比如别墅、名车、高尔夫会员资格等高级别的商品，它们往往是地位与身份的象征，所以，你就应该在这个“地位与身份”上大做文章；汽车、音响、录像机、旅行、空调设备是人们追求舒适和欢乐所要求的。所以，对这类商品就要不遗余力地向客户强调它们的使用效果及卖点；对于电视机、复印机、全自动洗衣机、电脑等商品，你应该在功能和经济性上给对方以“利诱”；而对于钢琴、大型音响设备、昂贵的饰品、珠宝等，可以称之为“奢侈品”，你便可以抓住客户的虚荣心大加渲染。抓住你的产品会产生的效果，有侧重地加以说明，便会恰到好处地吸引住你的客户。

为了使客户产生购买的欲望，仅让客户看商品或进行演示还是不够的，同时还必须对他们加以适当的劝诱，使他们的头脑中呈现出一幅美景——该商品的良好使用效果。

销售员在向客户介绍产品时首先要弄清楚，哪些是产品的基本特征，哪些是产品的卖点。一般来说，产品的特征就是指产品的具体事实，如产品的功能特点和具体构成。而产品的益处指的是产品对客户的价值，也就是该产品的卖点所在。在介绍产品时，要把产品的特征转化为产品的益处，如果不能针对客户的具体需求说出产品的相关益处，客户就不会对产品有深刻的印象，更不会被说服购买。如果针对客户的需求强化产品的益处，客户就会对这种特征产生深刻的印象，从而被说服购买。

一般来说，无论销售人员以何种方式向客户介绍或展示购买产品的好处，通常会围绕省钱、方便、安全、关怀、成就感几个方面展开。针对这些方面，销售人员要根据不同的客户采用“产品先进的技术会给您带来巨大的效益”“方便的使用方法会给您节约大量的时间”“这种产品可以更多地体现您对家人的关心和爱护”“产品时尚的外观设计可以体现出您的超凡品位”等不同的说明方法。

当然，销售人员应该注意的是，说明产品的卖点时必须针对客户的实际需求展开。如果提出的产品卖点并不符合客户的需要，那么这种产品的性价比再高，也不会引起客户的购买兴趣。

当客户说出愿意购买的产品条件时，销售人员要将自己的产品特征和客户的理想产品进行对比，明确哪些产品特征是符合客户期望的，客户的哪些要求难以实现。在进行一番客观的对比后，销售人员就能有针对性地对客户进行销售了。

突出产品的卖点与优势。销售人员要强化产品的卖点与优势，对客户发动攻势。如：“您提出的产品质量和售后服务要求，我公司都可以满足您，一方面，我公司的产品的特点在于……另一方面，我公司为客户提供了各种各样的服务项目。”在强化产品优势时，销售人员必须保证自己的产品介绍是实事求是的，并且要表现出沉稳、自信和真诚的态度。弱化那些无法实现的需求。无论销售人员多么努力地向客户表明产品的各项优势，可聪明的客户还是会发现，销售的产品在某些方面还是达不到理想要求，这是不可避免的。如果你的产品达不到客户的要求，可以运用以下两个方法来弱化客户的异议：其一，只提差价。这种方法适用于很多产品的销售。其二，进行贴近生活的比较。这要求销售人员对自己的产品要有较深的理解，并且这种理解要符合大多数人的生活习惯。

向客户提问，一定要“命中靶心”

提问与销售过程的每个阶段都有着密切的关系：在早期的开发客户阶段，提问可以帮助我们识别客户；在激发客户需求阶段，提问简直就是核心。可以帮助我们明确客户的问题，清楚展示产品或服务，以更节约成本的方式帮助客户解决问题；在后期促成客户成交并采取行动阶段，同样离不开提问。

用提问接近客户

提问是接近客户的最好的方法，销售员通过提问可以了解客户需要什么，不需要什么，对产品的哪些方面比较感兴趣等。很多专业的销售员都会把提问作为最重要的销售手段，因为掌握客户的需求越多，向客户成功销售的可能性就会越大。一个销售员业绩的好坏，与其提问问题的能力是有密切关系的。

一名销售员把一块透明塑料布递给一个汽车经销商，然后问他："试试看你能不能将它撕烂？"为什么他会这么问？因为销售员知道这位潜在的顾客有50辆汽车存放在露天停车场，需要东西把汽车盖起来，防止风沙和雨淋，用以保护汽车。塑料布不容易撕烂当然是盖汽车的好材料，这样就会引起顾客的注意，坚定顾客的购买决心。

在销售的过程中，销售人员可以先提一个问题，然后根据顾客的反应再继续提出其他问题，步步为营，接近对方。例如，"张经理，你认为企业目前的产品质量问题是由什么原因造成的？"产品质量自然是这位经理最关心的问题，销售人员的这一问题，可能会引起销售人员与张经理之间关于提高产品质量的讨论，无疑将引导顾客逐步进入销售面谈。所以，作为销售员，不但要掌握提问式的销售理论，更为关键的是必须时刻训练自己多提好问题，只有好问题才能让你的销售最终成交。

某酒店餐厅生意一直很火暴，但饮料的销售额却因为服务员的不同提问方式而变动较大。以前，服务员总是问客人："先生，您喝点什么？”很多时候客人就点最大众化的饮料——雪碧，有的客人则干脆说：“不要了。”一段时间下来，饮料的销售额平平。后来，经理要求服务员换一种问法：“先生，我们餐厅有椰汁、芒果汁、胡萝卜汁等饮料，您要哪一种？”很少有客人再点价格相对较低的雪碧，转而选择价格相对较高的椰汁、芒果汁或胡萝卜汁中的一种。从这以后，饮料的销售额有了明显的增长。

心理学上有个名词叫做“沉锚”效应：在人们做决策时，思维往往会被得到的第一信息所左右，第一信息会像沉入海底的锚一样把你的思维固定在某处。所以，销售员在销售产品时，注意不要以“是”与“否”的问句提问，这样问句的答复往往是要或不要。如果以选择性问句提问，这样客人的反应往往是从中做出一个选择。

刘艳红：“您对衣服是否还有其他的偏爱？”

董老板想看刘艳红的样品，刘艳红虽然准备了很多样品放在包里，但她还不打算拿出来。她想做进一步的询问，希望了解董老板的真正需要。在了解董老板的真正需求以后，才是拿出样品的最佳时机。

董老板：“我有许多西装都是观奇洋服出品的，我也喜欢金利来出品的西服。”

刘艳红：“金利来的衣服不错。董老板，以您目前的商业地位来说，海蓝色西装很适合您。您有几套海蓝色的西装？”

刘艳红想知道董老板对衣服的质量和价格的看法。

董老板：“只有一套，就是先前向您提过的那一套。”

刘艳红：“董老板，谈谈您的灰色西装吧。您有几套灰色西装？”

董老板：“我有一套，很少穿。”

刘艳红：“您还有其他西装吗？”

董老板：“没有了。”

由于董老板没有主动说出他所拥有的西装，刘艳红只好逐一询问董老板的每一套西装。刘艳红想了解董老板的真正需求。到目前为止，刘艳红一直以发问的方式寻求董老板真正的需求，同时也在发问中表现出了一切为客户着想的热忱，使董老板在不知不觉中做了很好的配合，创造了良好的谈话气氛。

刘艳红：“我现在拿出一些样品给您看。如果您想到还有没提到的西装，请立即告诉我。”刘艳红边说边打开公文包，拿出一些样品放在桌上。

刘艳红向客户提出了许多问题，以寻求客户真正的需求，然后才展示商品，进行商品的销售。

以提问的方式接近客户，了解客户的需求非常重要。只有了解了客户的需求后，你可以根据需求的类别和大小判定眼前的客户是不是潜在客户？值不值得销售？如果不是自己的潜在客户，就应该考虑是否还有必要再谈下去。不了解客户的需求就好比在黑暗中走路，既白费力气又看不到结果。通过问许多问题来发现客户的真正需求，并在询问过程中积极倾听，让客户尽量发表真实的想法。有些销售人员一见到客户就滔滔不绝地说个不停，让客户完全失去了表达意见的机会，这种做法往往使客户感到厌烦。一旦客户厌烦，不用说，销售人员的销售注定要失败。

掌握提问的技巧

经验丰富的销售员说，这份工作从某种程度上是与医生的工作有着异曲同工之妙。中医的望、闻、问、切四种看病方法同样适用销售，销售员必须掌握察言观色的技巧，同时还必须学会根据具体的环境和客户的不同特点进行有效的提问。在与顾客沟通时，巧妙地向客户提问对于销售员来说有着诸多好处。

销售员的主动提问可以更好地控制谈判的细节以及今后与客户进行沟通的总体方向。经验丰富的销售员总是能够利用有针对性的提问来逐步实现自己的销售目的，并且还可以通过巧妙的提问来获得继续与客户保持友好关系的机会。

当你对客户要表达的意思或者某种行为意图不甚理解时，最好不要自作聪明地进行猜测和假设，而应该根据实际情况进行提问，弄清客户的真正意图，然后根据具体情况采取合适的方式进行处理。

在与客户沟通的过程中，销售员的提问必须要保持礼貌，不要给客户留下不被尊重和不被关心的印象。同时还必须在提问之前谨慎思考，切忌漫无目的地信口开河。一般地说，客户在说话时不喜欢被鲁莽地打断，也不喜欢听带有某种企图的销售员在那里喋喋不休地夸奖自己的产品。当销售员以征求客户意见的态度向他们提出友好而切中他们需求的提问时，他们会渐渐放松对销售员的警惕和抵触心理。当然了，如果销售人员提出的问题完全没有经过考虑而显得愚蠢时，客户会更加恼怒，他们甚至会毫不犹豫地将销售人员赶出门。

在与客户进行沟通的过程中，销售员问的问题越多，获得的有效信息就会越多，最终销售成功的可能性就越大。你必须记住：在与客户沟通过程中的一言一行都必须紧紧围绕着特定的目标展开，对客户提问时同样要有目的地进行，千万不要脱离最根本的销售目标。

一位家用电器销售员曾5次打破公司的销售纪录，其中3次他的个人销售量占公司总销售量的50%以上。他是怎么做到这些的？他说，自己成功销售的秘诀就是经常进行有针对性的提问，然后让客户在回答问题的过程中对产品产生认同。他经常在与客户谈话之初就进行提问，直到销售成功。下面我们看看他的几种典型提问方式：

“您好！听说贵商场打算购进一批电冰箱和洗衣机，能否请您说明您心目中理想的产品应该具备哪些特征？”“我很想知道贵商场在选择合作厂商时主要考虑哪些因素？”（问这两个问题的目的是弄清客户需求。）“我们公司非常希望与您这样的客户保持长期合作，不知道您对我们公司以及公司的产品印象如何？”（问这一问题的目的是为自己介绍公司及产品做好铺垫，同时也可以引起客户对本公司的兴趣。）“您是否可以谈一谈贵公司以前购买的机械设备有哪些不足之处？”“您认为造成这些问题的原因是什么呢？”“如果我们的产品能够达到您要求的所有标准，并且有助于贵公司的生产效率大大提高，您是否有兴趣了解这些产品的具体情况呢？”（站在对方的立场上提出问题，有助于对整个谈判局面的控制。）“您可能对产品的运输存有疑虑，这个问题您完全不用担心，只要签好订单，一个星期之内我们一定会送货上门。现在我想知道，您打算什么时候签署订单？”（有目的地促进交易完成。）“如果您对这次合作满意的话，一定会在下次有需要时首先考虑我们，对吗？”（为将来的长期合作奠定基础。）

需要特别指出的是，销售员要尽可能地使用开放性提问。开放性提问是与封闭性提问相对的，顾名思义，封闭性提问限定了客户的答案，客户只能在有限的答案中进行选择，比如“您是不是觉得和大公司合作比较可靠？”“您今天有时间吗？”“我能否留下产品的相关资料呢？”等。对于这些问题，客户通常只能回答“是”“不是”“对”“错”“有”或者“没有”等简短的答案，这样客户不仅会感到很被动，甚至还会产生被审问的感觉，而销售人员也只能从客户的答案中得到极其有限的信息。

进行开放性提问既可以令客户感到自然而畅所欲言，又有助于销售员根据客户谈话了解更有效的信息。这样问问题的目的是不限制客户的答案，让客户根据自己的心情，围绕谈话主题自由发挥。而且，在客户感到不受约束时，他们通常会感到放松和愉快，这显然有助于双方的进一步沟通与合作。

许多时候，无休无止的劝说解决不了的问题可以通过巧妙的提问来解决，但是并不是所有人都明白如何利用提问的技巧来获得客户的认同。事实上，经常有客户在听到销售人员对自己的几次提问后就变得厌烦和不快。这是为什么呢？因为这些销售人员忽视了在提问时需要特别注意的一些事项。为此，我们对销售员提出以下忠告：

你要尽可能地站在对方的立场上提问，不要仅仅围绕着自己的销售目的与客户沟通。尽可能避免某些敏感性问题，如果这些问题的答案确实对你很重要，那么不妨在提问之前换一种方式进行试探，等到确认客户不会产生反感时再进行询问。初次与客户接触时，最好先从客户感兴趣的话题入手，不要直截了当地询问客户是否愿意购买，一定要循序渐进。提问时的态度一定要足够礼貌和自信，不要鲁莽，也不要畏首畏尾。选择问题时，一定要给客户留下足够的回答空间，在客户回答问题时尽量避免中途打断。提出的问题必须通俗易懂，不要让客户感到摸不着头脑。

积极提问，赢得订单

一位刚毕业的大学生走进一家报社后问总编辑：“你们需要一位好编辑吗？”“不需要。”“那么记者呢？”“不需要。”“印刷小工如何？”“不，我们现在什么也不缺。”“那么你们一定需要这个东西。”这位大学生从公文包里拿出一个精美的牌子，上面写着：“额满暂不雇用。”

总编辑笑着说：“如果你愿意的话，请到我们的广告部来。”就这样，这位大学生被录用了。可见会说话在求职中能起到关键性的作用。

销售其实和这位大学生求职只是形式上不同，本质是一样的。求职是把自己销售出去，销售是把产品卖给客户。有一个很好的销售方法是“以二择一”，这是在假设客户购买的基础上，提供两种可供选择的答案给其选择，无论选择哪一种，都是同意购买。例如：“您要红色大衣还是黑色大衣呢？”“我是这周给您送货还是下周给您送货呢？”运用“以二择一”的成交法，切记一定不要问买还是不买，而要围绕在购买“多少”和“什么”上让客户择其一。

同一条街上有两家小饭店，每天的客流量都差不多。然而，晚上结算的时候，右边小饭店总是比左边拉面店多赢利上百元钱，天天如此。精明的顾客发现，走进左边的拉面店时，服务员会微笑着迎上前来，给食客盛上一碗面后问道：“要不要来一个鸡蛋？”有说要的，也有说不要的，几乎各占一半。走进右边小饭店，服务员也是微笑着迎上前，盛上一碗面后问：“您来一个鸡蛋还是两个？”大多数客户说来两个，不爱吃的就说加一个，也有说不要的，但是很少。一天下来，右边的小饭店总是比左边的拉面店多卖出数百个鸡蛋，这就是右边小饭店总是比左边的拉面店多赢利的原因。

左边的拉面店是“要不要来一个鸡蛋”，右边的小饭店是“您来一个鸡蛋还是来两个鸡蛋”，都是询问顾客的选择，然而，我们应该像右边的小饭店那样给客户提供“以二择一”的选择。

另一个方法是在客户放弃成交之前，销售员要求对方提供帮助，希望获得机会后再伺机而动。当我们想尽各种办法，对方依然一口回绝而无法成交时，不妨使用这一办法。

尹向东向一位客户销售空调机，谈了很久依然没有办法成交，最后双方都有些不耐烦了。好在尹向东还算经验丰富，主动对客户说：“看来咱们今天是无法达成一致了。不过没关系，买卖不成仁义在嘛！今天交了您这个朋友我非常开心，希望以后我们有机会合作，那我就先告辞了。”说完，尹向东就起身往外走。即将走出门外时，尹向东突然转身折了回来，走到客户面前诚恳地说：“今天没有达成合作没有关系，我从事这个行业时间还不是太久，能不能给我提点意见，看我哪里还做得不够好，以便以后我能做得更好。帮帮我，你看好不好？”

客户看到尹向东很虔诚的样子，于是说道：“你的产品也不是不好，说实在的，主要是……”针对尹向东的产品，客户提出了自己最为担心的一个问题。尹向东一听心想：“原来是这么回事啊！”然后，他故意夸张地说：“原来是这个问题啊。刚才怪我没有说清楚，来，我给您再说一遍……”最后，尹向东拿下了这笔订单，而且赢得了一个长期客户。

突然转身成交法实际上是再创造一次和客户沟通交流的机会。当销售看似已经结束，而你又转身折回时，客户已经放下了戒心，他这时说出来的可能才是他真正抗拒的原因，也是先前未能成交的最大障碍。当销售员正好又能解决掉这个问题时，成交自然水到渠成。

价格对比法是销售员把两个不同时间、不同地点、不同前提条件下的合作方式同时列举出来，进行对比，最后让对方选择一个对其更有利的条件，这就是“对比成交法”。例如，“今天是三八妇女节，这些保健品面向妇女特价优惠，您刚才看中的口服液，平时每盒都要500元。现在才200元，您看来几盒？”听到这样的话，客户可能会觉得很实惠，说不定一下子就会买上个三五盒。

针对一些畅销的产品，销售员故意说一些不确定的话，令客户产生紧迫感，并最终下定决心购买，这就是“制造紧迫感成交法”。

一天，周正国去逛商场，看上了一件十分心仪的西服，但价格有些贵。于是，他问商场销售员可不可以便宜一些。没想到销售员居然这样说：“先生，您真有眼光，那套西服的面料、款式都很好，是我们这里最畅销的产品，都快要脱销了。我们仓库里可能都没有现货了，我先给你查一下。”听到这里，周正国害怕一会儿衣服就会被别人买走了，所以顾不上还价便连忙对销售员说：“赶紧查，价格不是问题，只要有，我马上就买！”

这位销售员真是一位制造紧迫感的高手，如果你是销售员，就必须学会在适当的时候，给客户制造紧迫感。

解疑反问是认真地倾听客户在购买产品前的所有疑问，并一一进行解答，排除客户的所有疑问，最后，你再用一个问题进行反问来结尾，从而直接促成交易的成交方法。例如：“顾均平先生，交货期限是不是您关心的最后一个问题，如果我们能够保证在约定的时间内完成订单，那我们现在是不是就可以签订合同？”

销售员在销售产品时，不只是强调产品的质量与服务，以及产品的好处，还要强调如果不买产品会有什么样的损失，让顾客产生危机感，从而产生购买的欲望，最终下定决心购买产品。

顾客的行为受两种因素的影响——追求快乐和逃避痛苦。在销售产品时，你不仅要给客户快乐，还要给他痛苦。你一定要强调，产品的价值就是产品给他带来的快乐，而不购买产品带来的损失就是痛苦。当他想逃离痛苦的时候，购买的动力将会马上增大。

提问的基本方式

一名牧师问他的上司：“我在祈祷的时候可以抽烟吗？”这个请求遭到上司的断然拒绝。另一名牧师也去问这个上司：“我在抽烟的时候可以祈祷吗？”抽烟的请求得到了允许。因此，销售实践中，我们应注意提问的表述。如一个保险销售员向一名女士提出这样一个问题："您是哪一年生的？"结果这位女士恼怒不已。于是，这名销售员吸取教训，改用另一种方式问："在这份登记表中，要填写您的年龄，有人愿意填写大于21岁，您愿意怎么填呢？"结果就好多了。经验告诉我们，在提问时先说明一下道理对洽谈是有帮助的。

不言而喻，要把产品销售出去，你必须要以某种形式表现出来，同时也能让顾客感受到销售员的诚意和善意，所以对话是基本的方式，能够赢得客户的信赖，使之成为自己的朋友和家人。在与客户沟通时，获得信息的一般手段就是提问，一问一答构成了沟通的基本部分。恰到好处的提问有利于推动沟通的进展，促使销售成功。例如客户要买房子，你问他最需要什么，他说需要小区环境很安静，那表示他现在住的小区一定是环境不安静很嘈杂，所以他会产生需求。嘈杂就是我说的问题，需要安静就是我所说的需求，顾客是基于问题做出决定。你要找问题，问题越大需求越高，顾客愿意支付的价格也就越高，所以你要找到问题把问题扩大，把伤口扩大。并不是让他发生问题才去找解答方案，而是还没发生问题之前先让他联想到问题会很大，于是他就愿意马上来采取行动解决问题。

对于没有使用过此类产品的准客户，销售员要让他说出不可抗拒的事实，并把这个事实演变成问题。举个例子，假如你是销售打印机的。先生（女士），我们都知道每一个客户看到贵公司打印出来的文件的品质时，会去评价贵公司的产品和做事的品质，所以每一张文件都代表着您公司最高的形象对不对？先说出一些众所皆知的事实，然后第二句话要把事实演变成问题：根据我的经验，很多公司印出的文件品质不够好，给顾客造成不好的印象，实际上那并不是他们公司真正的品质，你说是不是呢？你说有没有这个问题？也就是说，你先说一个事实，把这个事实演变成问题，然后让他开始联想。您如何确保在顾客面前呈现出来的文件都反映着您公司最佳的品质呢？您如何确保交给顾客的每一张文件都代表着您公司最高的做事品质呢？您如何确保顾客面前的文件代表您最好的产品品质呢？你问一个问题让他去联想去思考。对，我们公司是不是打印机也不好？你的目的是要卖给他打印机，所以你要先在他大脑当中种下一个问题，就是他们企业的打印机打印出来的文件品质不够好，不能够反映他们企业最高的做事品质。

一个穿戴得体的销售员站在大门的台阶上按响了门铃，当主人把门打开时，销售员问道：“家里有高级的食品搅拌器吗？”男人怔住了。这突然的一问使主人不知怎样回答才好。他转过脸来和夫人商量，夫人有点窘迫但又好奇地答道：“我们家有一个食品搅拌器，不过不是特别高级的。”销售员回答说：“我这里有一个高级的。”说着，他从提包里掏出一个高级食品搅拌器。

接着，这对夫妇接受了他的销售。假如这个销售员改一下说话方式，一开口就说：“我是天长地久公司销售员，我来是想问一下你们是否愿意购买一个新型食品搅拌器。”你想一想，这种说话的销售效果会如何呢？

销售员用连续肯定法提问题，目的是让顾客用赞同的口吻来回答。也就是说，销售员让顾客对其销售说明中所提出的一系列问题，连续地回答“是”，然后，等到要求签订单时，已造成有利的情况，好让顾客再作一次肯定答复。

如销售员第一次与客户面谈，在未做任何铺垫的时候就对新顾客说："很乐意和您谈一次，提高贵公司的营业额对您一定很重要，是不是？"（很少有人会说"无所谓"）；"好，我想向您介绍我们的 × 产品，这将有助于您达到您的目标，日子会过得更潇洒。您很想达到自己的目标，对不对？"……这样让顾客一"是"到底。

对于没有使用过此类产品的准客户，还有三个小步骤：

一是提出问题。你要先问顾客一个问题，比方说你是卖保健品的，你可以说，请问你现在身体最大的不适是哪方面的症状？你的睡眠质量如何？你父母的身体怎样呢？你希望顾客承认有一个问题，你就要提出一个他容易承认的问题。

二是煽动问题。用一切引起客户兴趣的提问方式把那个问题给扩大。假如他说我睡眠不好，你就要问睡眠不好已经多久了。他说 3 年了。这么长时间你感觉怎么样？感觉很不舒服。假如未来 3 年睡眠还是不好会怎么样？那就烦死了。生活会怎么样？生活会很无精打采。工作会怎么样？工作会影响效率。影响效率会怎么样？他说会赚不到钱。会不会失业，会不会被老板开除？那接下来会怎么样？全家人没饭吃。如果继续这样下去，5 年不改变会怎么样？他一听那就太糟糕了。把一个失眠变成了他全家最大的问题，是因为你把一个问题联想成 3 年 5 年，把一个问题联想到他的事业，影响到他的工作，影响到他全家。你要把小问题变成大问题，这叫煽动问题。

三是解决办法。也就是你要设置一个假如：这位先生，假如我有一个方法可以让你的睡眠质量提高，你有兴趣想多知道一些吗？这位先生，假如我们公司有一个非常好的解决方案能让您的员工销售成绩提升，达成销售目标，你想知道是什么方法吗？这位先生，假如我们公司所提供的设备能确保您每一张印出来的文件都是最高品质的，代表你们公司最佳形象的，提升顾客对你们的评价，你有兴趣知道是什么方法吗？假如我有办法帮助你达成什么目标或者是解决什么问题，你有没有兴趣？如果前两题正确第三题他一定会说是，有兴趣。一个问题跟一个问题之间是有关联的，就像堆积木一样，最底层堆了一个"是"，上面再堆一个"是"，上面再堆一个"是"，积木越堆越高。最上面一个"是"是由前面每一个"是"而造成的，如果前面哪一个"是"没堆好，你直接拿最后一个"是"，它会垮下来的。

正确提问，把握客户的需求

有些客户没有买过这类产品，表示是他还没有意识到问题的存在，并不知道问题的严重性，他没有需求，所以不想买产品。但是很多顾客已经买过这个产品了，表示他是认识到有问题，已经产生了需求，于是已经买了同类的产品，但是你想要他替换。比方说他用的是B产品，你想要卖给他A公司的产品。你想要替换该怎么办？他有需求，只是需求没有完全被满足，有一个需求的缺口。需求是一个圆，中间一定有缺口。

找出需求有三个步骤，首先是问出需求。

这一步骤里面有五个小阶段：一，他现在所拥有的产品是什么。这位先生，你现在用哪一家公司的产品？他说B产品。二，你最喜欢现在产品的哪几点？你为什么会选用B产品？他说喜欢B产品的一二三。三，喜欢的原因是什么呢？他会说因为一很重要，二很重要，三很重要，带给我什么好处。前三句话你了解到他被满足的地方有哪些，他喜欢的有哪些，这让你的产品找到了一个方向。四，希望未来产品有什么优点或现在产品哪里还可以改善。你要问他，假如未来还有一个新产品能比现在更好，他希望还具有什么优点？他可能会说除了一二三之外还要XYZ。或者是你问他希望哪里可以改善？他说那就是因为XYZ，而且价格再便宜一点就更好了。五，为什么这对你这么重要呢？他就会说价格当然是很重要，我买这个B产品1年了，虽然这个一二三还好，但是这个XYZ不太好，所以这个价格有点贵。我花了很多钱，不过我没办法。这时候你就知道了，他的这个圆里面一二三是被满足的，但是XYZ是缺口，太贵了是缺口，价格是个问题。以上的五个小步骤都属于第一步骤。

销售员：您好，赵经理，我是一家财务软件公司的小王，很高兴你今天能接待我。

赵经理：有什么事吗？

销售员：是这样，我们公司最近新代理一种财务方面的管理软件，能够提高库存。听说你们公司目前还没有使用这方面的软件，是吧？

赵经理：你听谁说的，我们偌大的公司怎么可能不使用财务管理软件，你搞错了吧？

销售员：是吗，您使用的是什么品牌的财务软件呢？

赵经理：我今天还有个会要开，你改天再说吧。

小王被推出了办公室。

在这个案例中，我们能够清楚地看到小王说话的目的，但是很遗憾，他提问的方式没有把握好，可以说让别人听着很不舒服，即使有需求，也不会从你这里购买。我们再来看一个案例，同样的目的，不同的表达方式，得到了不同的结果。

销售人员：您好，赵经理，我是一家企业管理咨询公司的小王，想请教您几个问题。

赵经理：什么问题？

销售员：是这样的，赵经理，经常有许多公司打来电话，向我们咨询关于库存管理、产品分类管理以及账务管理方面的问题，还请求我们给他们提供这方面人才。赵经理，不知您在这方面有什么更好观点与意见？

赵经理：这个很简单，我们有专人负责仓库管理这块，产品分片分区管理，财务也有专人负责。只是，我也有些困惑，他们办事效率很低，我需要个什么报表，往往不能够及时统计出来，造成信息不顺畅。更麻烦的是，一旦人员流动或者调整的时候，往往一段时间内经常出现纰漏。不知道你们有什么好的解决办法没有？

销售员：赵经理，我请问下，您目前使用的是什么管理软件？

赵经理：管理软件？管理软件目前好像用不到吧？我们一直采用的人工做账。

销售员：是的，向我们打来咨询电话那些公司也喜欢采用人工做账，只是没有您分配的那么细致，有条理性。不过现在他们这些问题都解决了，而且效率也提高了很多。

赵经理：是吗？怎么解决的？

销售员：他们使用一种叫×××的财务管理软件，不仅节省了人力，而且每天都能够了解当天的产品进、销、存，畅销产品、滞销产品比例、进出账情况，欠账、拖款情况等。

赵经理：是吗？有这样的软件？哪里能买到？

销售员：这样吧，赵经理，我正好带着一套软件，顺便给您的员工解说如何使用这个软件，您看怎么样?

赵经理：好啊，非常感谢。

从这个案例看到，销售员目的同样是让赵经理认识到使用管理软件的重要性，达到销售软件的目的，可是这个电话销售通过不同方式的提问，让赵经理愿意接受问题，愿意回答问题，而且愿意提出自己的观点，表达出自己的想法。这样我们销售员才能有效根据对方的回答，把握有理有据的对答方式，攻破对方的思维方式，达到自己预期的效果。

要想找出需要，其次是问出决定权。如果与你面谈的客户没有决定权，你销售给他产品也没用，所以你要问出决定权。如果你直接问他有没有决定权，因为自尊心的问题，他会说废话我当然有决定权。你要问他，除了您之外购买这个产品的时候还需要有谁一起做决定？除了你之外还需要别人批准吗？如果他说不需要别人批准了，表示他真的是有决定权。如果他说除了我之外还要问我老板，那表示他没有决定权，他老板才有决定权。所以第二步骤问出决定权也很重要，如果他没有决定权，你就不用往下问了。

找出需求的第三步骤是问出许可。这里的问很重要，你在以前的销售过程中可能想到过这个问题，但你不一定学过这一项技巧：请问先生，假如我有一些方法能满足你原来的一二三，并且还能提供你没被满足的XYZ，你允不允许我向你介绍一下？假如我们的产品能够让你在保持原有的优点之外，解决价格太贵的问题，你有没有兴趣想多听一些？你要不要我跟你介绍一下？先让人家回答YES，你才能往下介绍。人家不允许你销售，你多说是不可以的，你无法对一个关门的人去说话，也无法对一个背对着你的人说话，因为他心灵不开放是听不进去的，你说什么都没有用。你需要对一个允许你对他销售的人去做销售。所以你要问这位先生，假如我们公司提供的服务能让你原来的优点都保持，并且还能够降低价格，你有没有兴趣多知道一些？你希望得到是，这样你才可以往下说。如果是对不起，则表示前面这个问题没有问好。可能你没有抓对需求的缺口，没有达成信赖，甚至是你根本还没有准备好了解顾客，这些都是有可能的事情。销售根本不是几句话就能成交的，销售是一个流程，它有相应的步骤，只要环环相扣，每一个步骤正确，最后就一定成交。

巧妙提问，促成成交

在美国明尼苏达州的阿波利斯市，密西西比河上的I－35 W桥梁坍塌坠入河中。事故发生后的第一时间，明尼苏达州的交通部安排对桥梁进行了重建，通过招标来确定了重建单位。这项价值2.5亿美元的生意最终被美国科罗拉多州的一家机构获得，这家机构是参加竞标的企业中唯一没有在明尼苏达州修建过桥梁的机构，它的建议书要价最高，交货期也最长。那么，它是怎么获胜的呢？事后，明尼苏达州交通部负责此项决策的小组透露，价格和速度不是唯一的考虑因素。这下可好，参加竞标的另外8家机构都吵疯了，他们事后咆哮着抱怨说：“你们从来没有把这一点告诉过我们！”“可是，你从来都没有问过我们！”该项目组回应说，“而获胜的这一家这么做了。”

这家中标的机构获得这样一笔大生意的秘诀是——巧妙提问。其他竞争者却想当然地认为采购方需要什么，并据此来设计产品或方案。中标的机构却没有想当然，他们把自己的工作定位成找准客户的需求和需求背后的原因，而他们的对手却仅仅把这笔生意看成一个竞标活动。

销售员通过提问，可以与客户建立起信任关系并引起客户的兴趣，从而顺利开局并打开客户充满防范的心灵大门。比如，通常所说的寒暄很多情况下就要依赖于得体的提问。销售员通过提问可以了解到客户的需求、预算，并增强客户的紧迫感。销售员由此可以知道应该卖什么给客户，从而有针对性地准备方案。

你买房子时最关注哪些条件呢？最主要的是楼层，其次是哪个小区，再就是房子的格局设计，最后是价格。除了这四点还有别的吗？没有了。请问怎样才算好楼层？比方说不能低于5楼。怎样才是好的小区呢？必须24小时警卫保安。怎样才是好的格局呢？我要朝南的。怎样才是好的价格？一平方米不能超过1.5万元的。掌握了这些需求清单，接下来你要问他：假如有这样的房子你会选择它吗？他当然说会了，因为前面这一套需求清单是他说出来的。所以你看问这些问题有多重要。某某先生，假如能提供你这样的房子你会跟我合作吗？会。

如果他说不会的话，表明不是需求问题，肯定是你有问题了。假如今天就有这个房子，你会做决定吗？会。他如果说“会会会”，他已经答了三个问题了：第一，有这样的需求。第二，你有空我跟你买。第三，今天有我就跟你买。他承诺你这三件事了，人家的“是是是”堆到最后快要到成交的地步了。这就是问出购买的需求。

假如今天你要招聘一个优秀的员工，这个员工进你公司上班对你来说很重要，你一定要说服他，你怎么问？某某，请问选择一个企业、选择工作条件的时候，你最重视的条件有哪些？他说，第一是工资，第二是休假时的待遇，第三是工作环境，第四是发挥能力，第五是同事关系，这五个叫做需求。你还要对需求进行详细的定义：多少工资才是好工资？放假多久才合适？他要求一个星期的工作时间不能超过40个小时。你问他，怎样才叫好的工作环境？他说，必须有独立的办公室。你问他，怎样才叫做好的发挥能力？他说必须做他的本专业。你问他第五个怎样才叫好的同事关系？他说必须给他一个很好的工作环境，如果同事经常吵架、背后放枪的话他就不干了。

问出这几点之后，如果我们公司现在就有这样的工作，你会选择吗？他答案只有两个，一个会，一个不会。如果说不会，你不要怕，他没有拒绝你，他拒绝的只是这需求清单而已，他对自己列出来的东西打嘴巴了，他还没有列得很清楚。你可以说，可见还有你还没有列清楚，可以再告诉我还有什么你没有列清楚吗？不是没列清楚，只是我觉得薪水不能低于1.5万。所以我刚刚说1.5万太低了，必须一个月2万，而且还有劳保和退休金，还得分房子。既然这样，如果有这样条件的工作，你会选择吗？他说会。会，表示这个需求没问题了。

其次，你再问他：假如现在就有，你会今天就上班吗？他的回答只有两个：一个会，一个不会。如果不会表示今天不会做决定，你也不用要求他做决定，一定是前面哪个寻找问题的步骤出问题了。如果他说会，那太好了。

最后，你问他：如果是我推荐你给其他公司的话，你会与他们公司合作吗？他如果说会，那恭喜你；如果他说不会表示他不想接受你的推荐，这个需求虽然没问题，但是不想接受你的推荐，他对你这个人有意见。尊重顾客的需求，让他按照自己的想法作决定，这才是销售。而不是拿着产品强加给他，让他听完产品介绍硬要买东西。

巧妙运用三种提问法

在销售行业内有个非常常见的例子：

在一些国家，有些人喜欢在啤酒中加冰块，因此酒吧在卖啤酒时总要问："加不加冰块？"后来有个专家建议酒吧把问话改动一下，变为"加冰块还是冰糖？"结果，酒吧的冰块销量大增，利润上升。

专家给酒吧的建议就是限制性提问法，但所问的效果却不同。前者给顾客留下太多选择的余地，后者却只能选择冰糖或冰块，缩小了选择的范围，从而更有利于自己。这种提问的方法对销售员来说，是非常有成功把握的。但是，在此方法的运用上，必须是在自己已经能够充分掌握主动权的基础上，而且自己所问的问题还必须是对方有能力做出明确回答的，否则，对方会感到一种压迫约束感，导致对话陷入僵局。

需要指出的是，这种提问方法一般运用在沟通基本达到高潮时，需要客户做出某些选择和决定。采取提问的方式，主动为客户做主，使之没有拒绝的机会。也就是说，你只要稍稍加把火，就能让水沸腾起来，让销售走向成功。

"太好了，张经理，那我明天下午是 2 点钟还是 3 点钟，到您府上拜访更合适呢？""非常感谢，田老板，我是今天下午还是明天上午，把入场券给您送过去呢？""好的，陈女士，你是今天还是明天有时间，我们好派人过去检查一下门窗安全问题？""你喜欢这三种颜色中的哪一种呢？"

如果销售员在与客户一见面就采取限制式提问法，一般最好不要让客户做出什么决定性回答，而是一种参考性的回答，主要目的是缩小谈话的范围，便于沟通和交流。客户一旦做出肯定回答后，就可以引入到自己要谈的主题中，在自己设计的圈子里，逐渐引诱客户上钩。

比如"您认为在外面办事过程中，最重要的是安全问题，对吗？""您认为提高员工的认真程度非常重要，是吧？""你认为身体健康比美丽更重要，是吗？"

第二种方式是建议式提问。销售员在与客户见面沟通的过程中，可以时常采取一些主动性的建议式提问，进而了解客户的真实信息，探求客户的真实反映，而且还能坚定客户的购买信心。但是在进行主动性建议式提问时，最好语气不要过于僵硬，仿佛是一种商讨，语气平和，让对方感觉到你是为他们考虑或为他们着想，关心他们，才提出如此问题。这样即使对方没有接受你的意见，交谈的气氛仍能保持融洽。

例如，"你看，咱们应该赶快确定下来，您说是吧？""是的，您在豆浆机选择方面认识得非常深刻，你是希望选择些无罩式的，这样有利于您的健康，我说得对吧？""你们采购这些电脑主要用于集团式办公，我建议能在键盘和鼠标方面最好选择比较耐用的品牌，如双飞燕。虽然是小东西，但却是易损耗品，您认为呢？""为了能够保持面部洁净，就要合理利用各种天然的面油，您认为呢？"

运用以上的提问方法，前提是你得对客户有一定的了解与研究，如果销售人员在与客户见面前，对客户基础信息知道甚少，如何通过提问来逐渐了解掌握客户的信息与需求呢？

根据优秀销售人员的经验得知，最好的办法就是采取探求式的提问方法。所谓探求式提问方法，就是通常采用我们常说的6W2H原则，用这一原则向对方了解一些基本的事实与情况。6W2H指的是英文What（什么）、Why（为什么）、How（如何）、When（何时）、Who（谁）、Where（在哪里）、Which（哪一个）、Howmuch（多少、多久）的缩写。虽然探求式提问可以在某种程度上帮助解决这个问题，但是也只能了解一些浅层的、简单的信息，不适合了解个人情况及较深层的信息，而且探求式的提问方式如果把握不好，可能话语比较生硬，容易让对方感觉不舒服，造成对方回答你的问题不够精确，答非所问或者根本不回答你的问题。

因此，你在使用探求式提问法提问之前，要尽量使用请教式提问法，这是需要特别注意的一点，如："我能向您请教几个问题吗？""我可以向您咨询一些情况吗？""我可不可以这样理解您的意思……"。当客户自然地回答"可以"时，就代表着你已经获得探求式提问的许可，而且这个权利是客户授予的，他已经同意回答你接下来所提的问题，下面的问题他就比较愿意从正面回答。

销售员在与客户面谈中，如果提出问题采用一种肯定型的语气，往往能够有效帮助客户做出正面的回答，并按照你指引的方向做出回答。

"您一定很在意员工提高工作能力，是吧？""我们现在正在和国内几家著名企业共同举办关于企业员工管理方面的培训，您一定希望参加，共同探讨人才管理方面的问题吧？""您特别想接触一些非常著名的人士，扩展自己的朋友圈，是吧？""您一定认为将来的学习很重要，不是吗？""您一定认为在整个家庭中，夫妻和睦才是您创业拼搏的最大动力，是吧？""生活费用的逐步提高现在已经成为大家最为关注的问题，您说是吧？"

如何巧妙利用提问，销售员必须结合实际情景，掌握客户类型，把控客户心思，把以上三种提问方法有机结合起来，也许面谈过程中可能只用到其中一种方法，也可能几种方法同时运用。无论怎么说，只要能搞定客户的方法，都是有用的方法，销售员无须局限于某些方法或方式束缚自己。

面对客户异议，切勿急于辩解

销售员常常碰到客户对你销售的产品有异议的情况。只有正确、客观、积极地认识异议，你才能在面对客户异议时保持冷静、沉稳，也只有这样你才可能从异议中发现客户需求，进而把异议转换成每一个销售机会。

没有异议，就没有销售

销售的路总是崎岖不平，从接近客户到签约，客户异议在不断地提出。愈是懂得异议处理的技巧，您愈能冷静、坦然地化解客户的异议，销售员每化解一个异议，就摒除与客户的一个障碍，就愈接近客户。请牢记——销售是从客户的异议开始。

一般来说，客户的异议分为两种：一种是客户用借口、敷衍的方式应付销售员，目的是不想真诚地和销售员会谈，不想真心介入销售活动；另一种是客户提出很多异议，但这些并不是他们真正在意的地方，如“这件衣服是去年流行的款式，已过了时”“这车子的外观不是流线型”等，虽然听起来是一项异议，但不是客户真正的异议。

有时，某些有心计的客户并不提出真正的异议，而是提出各种假的异议，目的是要以此达成隐藏异议解决的有利环境，例如客户希望降价，但却提出其他如品质、外观、颜色等异议，以降低产品的价值，达成降价的目的。

销售员要有正确的心态，才能用正确的方法把事情做好。面对客户提出的异议，销售员能秉持下列态度：一是异议是宣泄客户内心想法的最好指标；二是异议经处理能缩短订单的距离，经过争论会扩大订单的距离；三是没有异议的客户才是最难处理的客户；四是异议表示您给他的利益目前仍然不能满足他的需求；五是注意聆听客户说的话，区分真的异议、假的异议及隐藏的异议；六是不可用夸大的话来处理异议，当您不知道客户问题的答案时，坦诚地告诉客户您不知道，告诉他，您会尽快找出答案，并确实做到；七是将异议视为客户希望获得更多的讯息；八是客户有异议表示仍有希望购买你的产品。

但是，掏钱对于客户来说就是一件不愉快的事情，所以异议就如小孩子饿了要吃奶，成了一种本能。面对这种情况，销售员该怎么办呢？将“不买某件东西的痛苦”说得更大，使之超过花钱的痛苦，客户同样会愿意和你成交。但这就要考验销售员的个人素养了。

手下掌管着一家大型企业的女企业家，他们夫妻都各办一家企业。当销售员周伟去他们家拜访时，这位女企业家接待了他。

女企业家：您好！周伟，我们一家人都很认可你这个人，你确实很优秀，不过，经过我们一家人的研究，我们还是决定不买保险了。

周伟：你能告诉我为什么不买吗？

女企业家：因为我买东西都有一个习惯，当哪个东西可买或可不买时，我会问自己一句话，问完之后，我就决定买与不买了。

周伟：关于保险的事，你是怎么问的呢？

女企业家：有一回我去国际商城看到了一串白金钻石项链，的确很漂亮，27 万多一套啊！而这串白金钻石项链我梦寐以求很久了，也去看过好几回，当我准备付款时，我一路在问我自己，不买会死吗？我得出的结论是，不会死。有别的东西代替吗？当然有。这次买保险，我同样这样问自己。周伟我问你，你让我买保险，如果我不买保险，难道会死吗？

周伟：谢谢你，大姐。幸亏你这么提醒我。人不买保险不会死，但死的时候会死得很惨。当然不是说你死得很惨，而是那些依靠你的人会很惨。因为你死了以后，他们悲痛万分。你是什么都不需要了。但是活着的人万事艰难，什么都需要。保险是唯一的以一换百的保障方法，没有任何代替品！

周伟沿着这种思路一直说下去，经过一番对话后，这位女企业家终于答应了。

通过以上案例，销售员应该明白：掏钱购买产品会心痛，但只有两分痛。如果不买这件产品所造成的后果有八分痛，那么客户一定会选择购买。

某些有思想的客户的异议是不便在短时间内解释清楚的，则可以通过其他问题的沟通和表述，降低客户的抵触情绪、减少客户的担忧或偏见。比如，客户要求寿险产品像车险一样打折。这个问题可以先为客户分析所推荐寿险产品的特点、优势，重点强调它不是消费型的，是家庭理财的，逐渐让客户明白寿险产品和车险的不同。

需要特别指出的是，销售员对于客户的一些异议最好不要指责，千万不能客户一有异议，就指责或以其他方法处理，那样就会给客户造成你总在挑他毛病的印象。比如，销售员正在给客户分析保险条款，客户提出某公司做了大量广告、请明星代言，保险公司怎么不做等诸如此类的问题。销售员只需淡淡一笑，继续分析条款，并且要分析得清晰透彻，让客户领悟到保险保障本身的重要性，而降低对广告宣传的关注度。

销售员还要注意，在没有确认客户异议的重点及程度时，可以先点头肯定客户的意见，表示理解客户，继而借助问题询问让客户逐渐打消此前的念头。比如客户说，我不喜欢你们公司这款健康保险，销售员可以点头称是，紧接着可以询问客户喜欢哪家公司的产品、这个产品的特点是什么、为什么喜欢等。通过这些问题的询问，销售员可以了解客户的真实想法，继而可将自己产品更能吸引客户的地方加以说明，从而让客户更加了解和认同。

归根到底，销售员在销售过程中难免遇到客户异议，不要因此而紧张、害怕、无所适从甚至退缩。有位成功的销售员曾经说过："客户异议是正常的，客户顺利签单则是我们的福气，从事销售就是在经历正常的事情并享受这份福气。调整心态、端正态度，认识客户异议，学会处理方法，把客户异议当成客户认同公司、认同产品、认同销售员的开始，当成客户即将签单的转折点，就会在销售中多一分自信、多一分成绩。"

正确认识来自客户的异议

许多销售员都会问这样一个问题：如何正确认识来自客户的异议呢？一切异议都是起消极作用的吗？其实，对销售员来说，异议可能意味着客户对销售的商品非常感兴趣，他们希望能更多地了解；也可能意味着客户对商品存在着某种顾虑，一旦顾虑消除便会采取购买行动。所以，销售员要学会正确认识这种来自客户的异议。

销售员遇到的客户异议是不尽相同的。我们知道，在销售活动中，销售员的障碍主要表现为客户异议。我们根据销售理论，结合销售实践，采用比较综合性的标准，把客户异议划分为下述几种类型：需求异议、财力异议、权力异议、价格异议、产品异议、销售员异议、货源异议、购买时间异议等八种。

当你向客户销售某种产品时，一些有心计的客户会认为不需要产品而形成异议，这就是需求异议。它往往是在销售员向客户介绍产品之后，客户当面异议的反应。例如，一位女客户提出"我的面部皮肤很好，就像小孩一样，不需要用护肤品”“我们根本不需要它”“这种产品我们用不上”“我们已经有了”等。这类异议有真有假。真实的需求异议是成交的直接障碍。销售员如果发现客户真的不需要产品，那就应该立即停止销售。虚假的需求异议既可表现为客户异议的一种借口，也可表现为客户没有认识或不能认识自己的需求。销售员应认真判断客户需求异议的真伪性，对虚假需求异议的客户，设法让他觉得销售产品提供的利益和服务，符合客户的需求，使之动心，再进行销售。

有些客户虽然看上你销售的产品了，却说暂时手里没有多余的钱，这就是财力异议。一般来说，对于客户的支付能力，销售员在寻找客户的阶段已进行过严格审查，因而在销售中能够准确辨认真伪。真实的财力异议处置较为复杂，销售员可根据具体情况，或协助对方解决支付能力问题，如答应赊销、延期付款等，或通过说服使客户觉得购买机会难得而负债购买。对于作为借口的异议，销售员应该在了解真实原因后再作处理。

有些客户虽然很需要这种产品，以缺乏购买决策权为理由而提出异议，这就是权力异议。例如，客户说“做不了主”“领导不在”等。与需求异议和财力异议一样，权力异议也有真实或虚假之分。销售员在与客户面谈时，就已经对客户的购买人格和决策权力状况进行过认真的分析，也已经找准了决策人。面对没有购买权力的客户极力销售商品是销售工作的严重失误，是无效销售。在决策人无权做借口异议时放弃销售更是销售工作的失误，是无力销售。销售员必须根据自己掌握的有关情况对权力异议进行认真分析和妥善处理。

有些客户虽然觉得这种产品不错，却以产品价格过高而异议购买，这是价格异议。无论产品的价格怎样，总有些客户会说价格太高、不合理或者比另外一家的价格高。当客户提出价格异议，表明他对产品有购买意向，只是对产品价格不满意，目的是想讨价还价。当然，也不排除以价格高为异议销售的借口。在实际销售工作中，价格异议是最常见的，销售员如果无法处理这类异议，销售就难以达成。

有些客户认为产品本身不能满足自己的需要而形成的异议，这就是产品异议。产品异议表明客户对产品有一定的认识，但了解还不够，担心这种产品能否真正满足自己的需要。因此虽然有比较充分的购买条件，就是不愿意购买。为此，销售员一定要充分掌握产品知识，能够准确、详细地向客户介绍产品的使用价值及其利益，从而消除客户的异议。

有些客户认为不应该向某个销售员购买销售产品的异议，这就是销售员异议。有些客户不肯买销售产品，只是因为对某个销售员有异议，他不喜欢这个销售员，不愿让其接近，也排斥此销售员的建议。但客户肯接受自认为合适的其他销售员。销售员对客户应以诚相待，与客户多进行感情交流，做客户的知心朋友，消除异议，争取客户的谅解和合作。

有些客户认为，自己不应该向有坏印象的某某公司的销售员购买产品的一种异议，这就是货源异议。例如“我用的是某某公司的产品”“我们有固定的进货渠道”“买国有企业的商品才放心”等。客户提出货源异议，表明客户愿意购买产品，只是不愿向眼下这位销售员及其所代表的公司购买。当然，有些客户是利用货源异议来与销售员讨价还价，甚至利用货源异议来异议销售员的接近。因此，销售员应认真分析货源异议的真正原因，利用恰当的方法来处理货源异议。

特定的环境、特定客户及一贯的销售方法等，致使客户表示异议的时间也不相同。但是，客户表示异议的时间大致有以下几种：

一是首次会面的时候。销售员应预料到客户开始就有可能异议安排见面时间。如果这个客户非常具备潜在客户的条件，销售员应事先做好心理准备，想办法说服客户。

二是在销售员向客户介绍产品阶段。在这一阶段，客户很可能提出各种各样的异议和问题。事实上，销售员正是通过客户的提问去了解客户的兴趣和需求所在。如果客户在销售介绍的整个过程中一言不发、毫无反应，销售员反而很难判断介绍的效果了。中国有句古话：贬货者才是真正的买主。提出疑问，往往是购买的前兆。

可以说，销售员面对的客户异议是多种多样的。根据异议是否真实，是否构成反对购买的真正障碍，是否反映客户的真实想法，还可以把客户异议分为有效异议和无效异议两大类。有效异议就是那些真实的、可靠的、正常的、有根据的异议。对这类异议，必须认真分析后妥善处理。无效异议是指那些虚假的、不可靠的、不正当的、无根据的异议，一般是客户提出的各种借口。对这类异议要耐心说服、有效引导。

有些异议不必当真

销售员在面对客户时，客户总会提出这样那样的异议，提出异议是因为他想知道这件产品为什么值得购买，而这正表现出他对产品的兴趣。但是，有些销售员却没有足够的耐心与勇气，一遇到客户的异议就泄气，放弃了努力，转而到别处开始另一次销售。

销售员应当明白，当客户真正对产品产生兴趣，而又拿不定主意是买还是不买时，他们就会提出相应的异议，而这些异议正是他们将要购买的一种信号。如果对此处理得当的话，那么随后的成交就很有希望。

在以下异议方式中，大部分都是客户习惯性的异议方式，销售员不要在这个问题上碰壁就直接放弃，而应该深入进去，找到客户真正异议的原因。

大多数客户会说：我不需要。这是销售员经常碰到的异议方式，也是客户最习惯说出的一句话。据统计，将近80%的客户对现有的产品或者服务感到不满意，但却不想采用任何措施去改变现状。有85%的客户实际上没有非常明确的需求。由此可以看出，在大多数情况下，客户说出“我不需要”并不是表明沟通就无法进行了，而是在大多数情况下，销售员喋喋不休的介绍让客户产生了抵触心理。但是，“我不需要”是最容易应对的，良好的沟通可以避免客户的排斥心理，虽然客户嘴上说着“我不需要”，其实心中可能已经蠢蠢欲动了。只要你能够吸引他的兴趣，就等于有了打开成功大门的钥匙。

相对“我不需要”而言，“我没钱”的异议排名第二。这种异议实在让人烦恼，销售最终的障碍也出现在这里。但是，客户之所以说这句话，其实也只是一种借口。如果客户对产品的需求是强烈和必需的，由此产生一种“紧迫”的需求，没钱的借口就不攻自破了。因此，销售员不必因为客户提出“没钱”的异议就否定这次销售。如果出现了这种情况，只说明你对客户的需求启发不够，客户对产品带来的利益明白得不多。

在与客户面谈的过程中，往往会遇到很多问题，比如客户似乎对一款家电感兴趣，但在购买决定做出前，突然指责家电上的一些小问题，一旦销售员和他争辩，客户愤然离去。其实在这个案例中，客户所指的问题可能是他想要压价的借口，而不是问题本身。这样的异议是不需要回答的，解释和争辩只能使情况越来越糟。销售员必须要有足够的承受能力，千万不要让客户的一个“不”字就把你给击垮了。

实际上，有些异议的背后潜藏着客户想渴望了解更多信息的真实意图。下面就是一些这样的例子。

客户：我不觉得这价钱代表着“一分价钱一分货”。

真实意图：除非你能证明你的产品是物有所值。

客户：这尺寸看起来不大适合我。

真实意图：除非你能证明我穿上大小长短正合身。

客户：我从未听说过你的公司。

真实意图：我愿意买你的货，但我想知道你的公司是否有信誉、值得信赖。

客户：我正在减少开支，所以不想买任何新产品。

真实意图：除非你能使我确信你的产品真是我需要的东西，不然我是不会掏钱购买的。

如果你找不出客户提出异议的真正用意，那你就会错过很多本来有可能成交的生意。另外，当客户对你提出一系列毫不相干的异议时，他们很可能是在掩饰那些真正困扰他们的原因。那么你就可以提一些问题，以便揭示出客户内心的真实意图。

处理客户异议的常用方法

销售员对客户的异议往往抱有负面看法，甚至怀有挫折感与恐惧感。但是，对经验丰富的销售员来说，他却能从另外的角度来看待异议，并揭露出另外的含意。比如，从客户的异议中能判断客户是否真的有需求。能了解到客户对你的接受程度，这有助于你迅速调整战术。还可以获得更多的信息，等等。

客户的异议就像是一颗核桃，外面是一层坚硬的外壳作为伪装，壳的里面是核，销售员想要找到核，就要先将外壳打开。打开这个外壳的方法就是有效的提问，通过权利式、探索式、引导式、确认式寻问去寻找问题背后的动机，最后是对异议给出适当的处理方法。对客户异议的处理可以归纳为正面回复法、转换定义法、转移话题法三种。

正面回复法。之所以要这样去处理，是为了对客户的异议表示理解，尽量不和客户产生对立的情绪。人都有保护自己的本能，直接指出客户的观点是错误的，会让客户更加维护自己的观点，你的“感觉”会让客户认为你和他是站在同一战线上的，比较愿意接受你的意见。

说其他人也有类似的看法，则是给客户一个台阶下，中国人最怕别人不给他面子，即便是客户真的错了，也要给他台阶下。当销售员表示很多人都有过类似看法时，客户就会想，即使我认为有一些不合适的地方也很正常，反正又不是我自己一个人有这种想法，这些所谓的其他人就是给客户的台阶。

需要注意的是，使用正面回复法的时候，你必须可以帮助客户“发现”什么东西。毕竟任何产品都有其相对不足的地方，如果客户的异议就是你的产品的短处，你就最好不要使用正面回复法。

将客户的异议通过引导转换为另外的一种定义，就是转化定义法。在转化定义法的使用过程中，起到核心作用的便是词汇语言的转换，通过具有一定相近意思的词汇调整异议的不同含义。

例如，客户不耐烦地说“你们的价格太贵了”，这本身就是一种事实，自己的产品与竞争对手相比确实要高出30%，这时候销售员可以这样回答“您是担心性价比不高吗？”这里的“价格贵”

与“性价比”看似没有很大区别，但是如果你仔细思考，就会发现两者之间有着天壤之别，完全带给客户不同的感受。

转移话题法。任何产品或者服务都有着它自己的优势和劣势，这是很自然、不可避免的事情，但是麻烦在于，客户可不是这么想的，客户总是希望用最少的钱买到最好的产品，所以客户有时候所提的异议销售员确实给予不了满意的答复，即使是转换定义去进行解释可能也不能够化解客户心中的顾虑，这是很正常的。

如果销售员与客户在这个你做不到的地方纠缠不清，就相当于田忌赛马，拿自己的下等马去和对方的上等马比赛，自然负多赢少。

对于这种情况，能够转化定义就转化定义，实在不行就转移话题，这种方法可以作为最后的选择，比如，可以这样说“您的意见确实很重要，待会儿我就给您一个正面的回答，现在让我们先讨论一下最重要的配置问题。”等到讨论完配置之后，客户是否还记得刚才所提出的异议还是一个问题，即使记得，你也可以利用这段时间想到合理的对策。

或者还可以这样和客户说：“您的意见很好，同时我觉得只有我们首先确立了整体的配置之后，才比较方便去考虑您所提到的保修期和预算的问题，所以我们可以先看看您到底需要什么样的配置才能够满足您的需求。”

将话题先转移到你比较有优势同时客户也比较关注的地方，并且强调你的优势对于客户的重要意义，然后再轻描淡写地说：“这么高的配置，价格也会稍微高一点，不过从满足贵公司的需求以及整体的性价比来看，还是非常划算的。”等到客户认可了高配置的重要意义之后，他为此多付一些费用也是理所当然的事情。

如果销售员实在没有什么处理的方法，一切都不奏效，甚至可以这样和客户说：“张经理，您稍等一下，手机没有电了，我换块电池给您打过去，不好意思。”然后马上去问公司的伙伴应该如何处理，找到答案马上回过去。

总之，处理客户异议的时候，销售员首先想到的是给予正面的回复；如果你感觉正面的回复不能够达到让客户满意的效果，可以进行转换定义；如果连转换定义都很难解释，那就使用最后的招数，将话题岔开再说。

委婉指出客户的错误

销售过程中，当客户的异议来自于不真实的信息或者误解时，销售员一定要注意语气和措辞，因为直接指责客户是一种危险的方法，处理不好就会让客户恼羞成怒，直接离去。

大多数情况下，直接指责客户容易使气氛紧张，使客户产生敌对心理，不利于客户采纳销售员的意见。但是，如果客户的异议是产生于对产品的误解时，而你确信自己有能力说服客户，不妨直言不讳。但对客户的异议一定要用友好而温和的态度，最好能够引经据典，以绝对优势来说服客户，这样可以让客户感到你对产品的信心，从而增强客户对产品的信心。

处理好客户异议的度。例如，客户说：“我不会跟你们合作的，因为贵公司经常延迟交货，简直是糟糕透顶。”销售员回答：“李老板，您这话恐怕不太准确吧？在我接触的客户中，还没有客户这样说。他们都认为本公司的信誉是很好的，在行业内也是有口皆碑的。您这么说，可否举出一个实例？”这时候，销售员必须直接指出客户的错误，因为“延迟交货、不守信誉”是异议的重点，如果真有此事，客户必然能够拿出证据，但如果客户的说法只是传言，并无实在的证据，客户便无言以对，异议的问题也就得到了解决。

处理客户异议时，销售员应该注意以下几点：首先态度要委婉。处理客户的异议，必然会在一定程度上引起客户的不快，为了避免惹怒客户，销售员应该真诚，语气要诚恳，面带微笑，切勿怒言斥责客户或者挖苦客户。这样说显然不妥："如果贵公司坚持这个价格的话，请为我公司的员工准备过冬的衣服和食物，总不能让我们的员工饿着肚子、瑟瑟发抖地为你们干活吧。"

其次是对事不对人。在处理客户异议时，最忌讳伤害客户的自尊。销售员委婉说话时，要考虑客户的感受，并尽量把指责意见针对事情本身，而不要针对客户，这样可以尽可能减少客户不良的心理感受。

最后是针对性询问。如果客户的异议是以问话形式提出的，使用有策略的方法还是比较好的，这样容易给对方肯定和自信的感觉，而且因为对方是问话形式，所以在语气上并不会给对方造成多大的心理伤害。

用委婉指责代替直接指责。委婉指责客户，指的是销售员在听完客户的异议后，先肯定对方异议的某一方面，再陈述自己的异议，这种方法又叫做迂回否定法。例如，客户说："你们这个项目，并不如你说得那么完美，其中存在不少的漏洞。"如果销售员直接指责："李老板，您错了。您根本没有听明白我的意思。"必然会引起对方的不快，给对方造成心理压力。如果你说："李老板，您说得对，一般客户在看待这个问题时，会有和您相同的看法。我自己也会这样想。但如果仔细想一想，再深入研究一下，您就会发现……"这样对客户说，就容易扭转客户的想法，逐渐让客户同意你的说法。

使用委婉指责法，可以采用以下两种方法：一是转化异议。这种方法指的是利用客户的异议为说服客户购买的理由，虽然也是指责，但表达感觉上不容易被客户注意，而是直接转入问题。例如，客户说："很抱歉，我财力有限，现在没钱购买。"销售员："李老板，可不要这么说，我想正因为财力有限，现在才是更好的机会。现在房价涨得这么快，能赶早就不赶晚啊！"二是肯定形式，否定实质。每个人都渴望被理解和认同，委婉指责客户，可以先从对方的意见中找出彼此认同的内容予以肯定，产生共鸣。之后再借势说出你的不同看法。这里肯定的只是次要的部分，否定的才是问题的本质，但这样一来就容易被对方接受和认同。

在销售中，销售员总是希望迅速有效地改变客户的态度，但方法一定不能简单。尤其是客户坚持用一个错误的事实时，你千万不能直接指出其错误，要采取尊重客户的做法，间接地暗示他，让他心里清楚：你是尊重他、理解他的，所以没有当场揭穿他的把戏，而是很有涵养地间接暗示他，保全了他的自尊。这样他在羞愧之余还存有一点感激，这种感激就成了销售的突破口，使销售一举成功。

冷静面对客户的过激异议

大多数销售员将客户的异议看成是成交路途上的一座碉堡，迫不及待地拿出重型武器轰掉它，拼命想要说服客户。轰掉这座碉堡是需要费很大的气力和心血的，我们也确实要掌握这些攻坚的技巧，不过在很多时候，从侧面绕过它，不与异议作正面交锋也是可行的，而且更有效果。很多时候，客户的这座碉堡看起来壁垒森严，其实却是一种假象，是用来迷惑销售员的，然而你却费了九牛二虎之力，对本来不需要处理的异议大动干戈，最后反而适得其反。

客户的异议只是为了表达某种情绪或者下意识的反应，销售员要有自己的敏感度，不要真的去处理这些异议。一般来说，客户会因为以下方面提出非真实的异议。

当销售员提出某种观点的时候，客户指出你的观点或者产品不足的地方，并不是真的不满意，客户自己也清楚这个世界上没有十全十美的产品，他只是想要告诉你自己有多厉害、多懂行。如果销售员没有听出客户的言外之意，反而试图证明客户所说的内容是与事实并不符合的，这代表着你在藐视客户的权威，会更加激怒客户，客户会更加努力地证明刚才他说的是有道理的，结果两人之间就陷入了拉锯战，最终销售员获得了语言上的胜利，换来的却是客户决定从此以后不再从你这里购买任何产品。

比如，客户说“我挺担心你们产品的兼容性”，这个时候销售员就可以这样回答“兼容性确实是很重要的，不知道您是怎样看待兼容性的呢？”客户可能会说“要很好地兼容我们原来的那套系统，需要符合 ×× 条件”，然后销售员就可以顺藤摸瓜“您说得太好了，不愧是有十几年经验的老专家，顺便请教一下，您刚才所说的 ×× 条件具体是什么意思？”客户看你这么谦虚好学，可能侃侃而谈“×× 条件的具体定义就是要符合……还要符合……”，等到客户说完，销售员要说“对！对！以您的眼光，需要我们怎么样配合您这边呢？”很自然地了解到客户具体的要求是什么，客户也得到了受尊重的感觉。

谁也不希望成为他人的销售对象，即便是要购买产品，客户也是想要自己做主购买，销售员最多只能成为客户的参谋或者顾问。如果客户在对话过程中闻到销售的味道很浓的时候，他就会心生警惕，找出一些异议来对付销售员。毕竟客户做出购买的决定是有风险的，这样就会本能地说“价格太高了”或者“你们的知名度不高，我担心品质不够好”等类似的异议来试探，在没有发觉客户的问题点之前，如果销售员现在就为这个问题纠缠不清，是十分不合适的。

销售员暂时不要把客户的各种异议放在心上，而要想办法转移话题，将沟通的焦点转移到正常的轨道上面来。尤其是在面谈的刚开始阶段，销售员要尽量避免和客户的异议作正面的长时间交锋，一定要发掘出客户的需求点之后再说，客户有了问题点和需求，什么事情都比较好谈。

同时，销售员要做到替客户着想，就应该认同客户的观点，但是认同又不等于赞同，赞同是同意对方的看法和意见，而认同只是认同客户的感受，了解他的想法，但并不是同意对方的看法。销售员要做的，就是认同而不是赞同。认同可以淡化双方之间的冲突，把需要解决的问题看成双方需要共同面对的问题，以利于进一步解决异议。

在处理客户异议时，销售员若表现出从对方的立场出发，认同客户的感受，就会站在双方共同的利益上客观地审视双方面临的问题，然后和客户协商，达成交易。认同客户的异议，这是成功解决异议的开始。

当然，销售具有很强的不可预测性，销售员在约见客户的时候，并不是很清楚客户现在到底心情是好还是坏，适不适合现在进行沟通。如果碰巧客户正好遇到一件很烦心的事情，例如他刚刚被自己的上司训斥了一顿，正好想找个地方发泄一下，但是公司显然不是发泄不满的好地方，客户的同事也没有理由去听他的牢骚，于是他还只能装得若无其事，以显示自己的风度。正好这个时候来了一个销售员，客户心想，我对付不了别人难道还对付不了一个销售员？你十分不巧地撞在枪口上，就成为客户负面情绪的出气筒。

一般来说，当销售员听客户说完“你们的产品太贵！品质太不好！不要再烦我了！”之后，接着用很真诚的语气和客户说“真的非常对不起！我感觉您的心情不是很好，或许我不该现在打电话过来！不过如果因为刚才您的宣泄，让您的心情变得好一些的话，我觉得这次给您打电话也就值得了！”当说完这段话之后，客户也感到很不好意思，毕竟他的做法并不符合情理。等到客户说完他的烦恼之后，只需要不断地认可、鼓励客户，即便是这次约见最后没有谈到产品，能够让客户认为你是一个值得交往的朋友，也是相当值得的。而且，在客户需要有人听他倾诉的时候，你承担了听众的角色，帮助他化解了烦躁的心情，那么在以后的沟通中，客户也会对你的善意表示回馈，销售员会有相应的回报。

总之，对于客户的异议，销售员所需要做的就是尽量绕开，不要在这里和客户纠缠不清，因为这类型的异议不是关键所在。

不把价格争议当焦点

大多数销售过程都会存在价格争议，解决这一争议的方法无外乎两种，一种是让客户把注意力集中到其他问题上，一种是将价格进行分解。无论哪种，最根本的是要让客户感到物有所值。

价格争议往往是客户异议的核心问题，几乎所有的销售都不可避免地存在着有关价格问题的争议。客户经常会不厌其烦地与你进行讨价还价，即使有时你已经把产品的价格压得不能再低了，客户仍然会针对价格问题提出不同意见。例如：“价格太高了，根本就买不起……”“我看到 ×× 公司的宣传单上写的价格比你们的要便宜很多……”“如果价格能够再低一些，或许我会考虑购买……”可以说，价格争议往往是客户异议的核心问题，因为很多时候客户提出的其他异议几乎都是为了更多地压低产品价格。

面对客户提出的价格异议，销售员可以在价格问题之外有效地消除客户的异议，即把客户的注意力转移到其他议项上，让客户把关注的焦点从价格问题转移到他们更感兴趣的产品价值上。这种转移客户注意力的方式比较适用于那些难以突破价格障碍的销售活动。如果在销售过程中客户一直抓住价格问题不放，而且始终以“价格太高”等说辞作为不购买的理由，这主要是因为他们的注意力一直集中在价格上。所以，此时销售员需要想办法将客户的注意力转移到他们比较感兴趣的其他议项上。

销售员在实施过程中，可以采取积极的询问、引导式的说明或者配合相应的产品演示等方法，例如，客户：“这个价格还是太高了，我们仍然不能接受……”销售员：“您曾经有过买便宜货的经验吗？或者您是否看到过有人花低价买回去的一些劣质品呢？”客户：“我确实看到过花低价买到劣质品的现象……”销售员：“谁都知道‘一分价钱一分货’的道理，如果花了钱却买了劣质产品，那肯定感觉很不舒服，而且实际上对于花了钱的人来说，不仅没有达到省钱的目的，而且还会带来更多的烦恼。我们公司产的这种产品……”（注意：销售员已经把客户的注意力从价格转移到产品本身的价值上了。）

在面对价格争议时，销售员还可以采用价格分解的方式消除客户的异议。在实际销售活动当中，对价格进行分解的方式可以分为两种，一种是差额比较法，一种是整除分解法。

差额比较法是指当客户对产品的价格感到不满时，销售员可以采取合适的方法引导客户说出他们认为比较合理的预期价格，然后把自己与客户提出的价格进行比较，比较的结果必然有一定的差额。此时，销售员可以针对这个差额对客户进行有效说服。与产品的价格总额相比，销售员与客户的价格差额必定要小得多，这个较小的数额不会像较大的价格总额一样让客户感到紧张，而销售员在说服客户时也会更加容易。

在运用差额比较法的过程中，销售员的工作其实是被分成了两个部分，一个部分是引导客户说出他们的预期价格，另一个部分才是针对差额进行有效的说服。在面对客户提出的价格异议时，销售员首先需要耐心地引导客户说出他们的预期价格，然后在此基础之上进行有效的说服工作。

例如，客户："这个价格实在是太高了，远远超出我们的预算，所以我们根本就接受不了……"销售员："这个价格在同类市场上其实已经相当低了，如果您觉得这个价格难以接受的话，那么您认为在怎样的价格范围之内您才能够接受呢？"客户："我们的最高预算是14000元……"销售员:"我们的报价是15000元，与您提出的价格正好相差1000元，其实在决定买与不买之间我们只有1000元的距离，不是吗？"客户："是的，相差1000元。"销售员："难道您就因为这1000元的差价而放弃性能如此优良的机器吗？更何况，这种机器平均每天可以为您增加效益200余元，也就是说，只要购买这台机器，不到五天的时间您就可以把这1000元的差价赚回来，难道您打算放弃这台机器为您带来的巨大效益吗？"采用这种方法最大的好处就是，一旦确定了价格差额，横隔在你与客户之间的问题就不再是庞大的价格总额了，而只是区区小额的差价，所以当你在进一步强调产品价值的时候，客户往往会认为与区区小额的差价相比，他们会获得更大的价值，这将有效促进成交。

整除分解法也是经验丰富的优秀销售员们经常采用的一种方

法，这种方法实际上运用起来并不难，可是它的效果却是相当显著的。在运用这种方法的时候，销售员同样需要围绕客户比较关注的兴趣点进行，因为这样更容易让客户认同产品的价值，从而有利于达成交易。具体方法如下。

客户："这个房子的整体设计比较人性化，房子质量也很好，可是价格实在是太高了……"销售员："正如您所说的一样，这个房子无论是整体设计还是内在品质都深得业内人士称赞，房子的价格其实并不如您想象的那么贵。您看一下，房子的现价是每平方米 7000 元，这种房子以后一定会继续升值，其潜在的价值将是多少您算过吗？"客户："这个房子我是准备住的，不太可能出让，所以升不升值和我没有太大关系。"销售员："即使是这样，您也不希望您今天 7000 元买到的房子，明年的价格就跌到 5000 元吧。更重要的是，这个房子用来自己住最合适了。您算一算，这个房子的产权期限是 70 年，而房价总额大概为 70 万，那么您一年其实只要花 1 万元就可以住在如此高品质的房子，更何况您还将在此与您的家人一起度过幸福的一生。再算一下，即使您每年只住 10 个月，那么您一个月也只需要花 1000 元，您一天才需要花多少钱呢？"客户："大概 33 元钱吧。"销售员："是啊，才 33 元钱，您每天只要少在外面吃一顿普通的快餐，就能够一辈子住在如此高档的住宅中了，而且您还可以享受到高品质的物业服务，难道您愿意为了每天的 33 元钱而放弃这样的人生享受吗？"

销售员不要把议论的焦点集中在产品的总额上，可以试着让客户忽视产品的总额，而只关注较少的差额。因为数额越小，就越容易让客户感到放松，你也越容易说服客户。在合适的时候把你的产品价格进行有效分解，让客户感到，购买你的产品其实是以特别小的代价换取十分显著的回报。

了解客户的需求，多让对方说“是”

针对客户的异议，销售员应该充分发挥个人的口才，引导客户向你设定的预期方向转化——多让客户说“是”。具体方法如下：一是提前进行巧妙的暗示。销售员在开始同客户面谈时，就应留意向客户做些对商品的肯定暗示，从而使对方说不出异议的理由。在暗示之后，要给客户一些充分的时间，以便这些暗示逐渐渗透到客户的思想里，进入客户的潜意识。

当你认为已经到了探询客户购买意愿的最好时机时，你可以这样说：“先生，您刚搬入新建成的高档住宅区，难道不想买些本公司的商品，为您的新居再增添几分现代情趣吗？”“为人父母，都要尽可能地让儿女受到最良好的教育。您考虑过筹集费用的问题吗？我劝您向本公司投保。”“您有权花钱买到最佳商品，但您可别错过这个机会，买我们的商品吧！”

利用以上方法给客户一些暗示，客户的态度就会变得积极起来，等到进入销售过程中，客户虽对你的暗示仍有印象，但已不认真留意了。当你稍后再试探客户的购买意愿时，他可能会再度想起那个暗示，而且还会认为这是自己思考得来的呢！客户经过商谈过程中长时间的讨价还价，办理成交又要经过一些琐碎的手续，所有这些，都会使得客户在不知不觉中将你预留给他的暗示当做自己所独创的想法，而忽略了它是来自于他人的巧妙暗示。因此，客户的情绪受到鼓励，就会更热情地进行商谈，从而避免了那些节外生枝的异议和异议的提出，直到达成交易。

二是设法让客户说“是”。尽量避免涉及让对方说“不”的问题，而在谈话之初，就要让他说出“是”。销售时，刚开始说的那几句话是很重要的，请看下面的这个例子："有人在家吗？……我是汽车公司的。今天，我是为了轿车的事情前来拜访的……""车？对不起，现在手头紧得很，还不到买车的时候。"很显然，对方的答复是"不"。而一旦客户说出"不"后，要使他改为"是"就很困难了。

因此，在与客户面谈之前，首先就要准备好让对方说出"是"的话题。例如，对方一出现在门口，你就递上名片，表明自己的身份，同时说："在拜访您之前，我已看过您的车了，这间车库好像刚建没多久嘛……"只要你说的是事实，对方必然不会否认，而只要对方不否认，自然也就会说"是"了。就这样，你已顺利得到了对方的第一句"是"。这句话本身虽然不具有太大意义，但却是影响销售进程的一个关键。

"那您一定知道，有车库比较容易保养车子喽？"除非对方存心和你过意不去。否则，他必然会同意你的看法。这么一来，你不就得到第二句"是"了吗？如果对方真的要异议，那不仅仅是口头上的一声"不"，同时，他所有的生理机能也都会进入异议的状态。然而，一句"是"却会使整个情况为之改观。所以说，比"如何使对方的异议变为接受"更为重要的是，如何不使对方异议。

三是引出客户的真心话。"考虑看看再说"也是客户经常使用的异议理由之一，话虽然说得婉转，但真正的想法可能是："我听腻了你那一套说辞，反正我又不打算买，随便敷衍一下，使一下缓兵之计。"在这种情况下，销售员倘若认为目前时机尚未成熟，真的请客户好好考虑一下，日后再来听取佳音，就未免太过"死板"了！要处理这种状况是有点棘手，因为客户会说出这句话，多半是在销售员已经做了相当程度的说明后，就算勉强再运用其他异议语言，效果也不会很好。

即使客户先前一直表示赞同，但是重要关头却又退缩时，重提此事只会增加客户的厌恶。所以，必须改变一下方式，从另一个角度去引出客户真正的想法，比如说“您是很想买，但是缴费负担太重”，若能让客户说出真心话，就有希望进一步促成交易。所以，销售员要懂得调整自己的心态，要有“被异议是当然的事”的心理准备，不能恐惧被异议，要坚强地面对客户的异议，引导客户说出真心话。

面对异议时，销售员应该调整态度，让客户感觉你很尊重他的异议。只有在客户感到受尊重时，才会觉得自己的异议被重视，他才会相信你会全力解决问题而不是随口应付。他才会和你交流，说出心里话，提供更多的信息。

表达自己的诚意。在面对客户的异议时，销售员可以运用以下回答来表明诚意：“这是我们的责任……是我的错……”“您这么考虑是正常的，不过……”“最迟今天下午 5 点时，我会给您满意的答复的。”“我现在就给经理打电话。”“我立刻去办。”而对于一些情绪化的异议，如“这个包装太难看了”“我不喜欢这个款式”等，销售员只要面带微笑就可以了，这些意见和眼前的交易没有太直接的关系，销售员只要以诚恳的态度对待，然后迅速转移话题。

回答客户的异议。称职的销售员不但懂得如何找出客户异议的问题所在，准确回答客户的问题，还要善于选择适当的时机，懂得在何时回答客户异议，这样的销售员会取得更大的成绩。何时回答客户的问题，要具体情况具体对待，一般情况下，异议是需要立刻回答的，这既是对客户的尊重，也是促成客户购买的需要。

慷慨雄辩，不如真诚打动客户的心

作为一名销售员，做到能说会道绝不容易，只有掌握这个技巧，才能更有效地打动客户。如果客户想知道你的产品性价比，你该告诉客户哪些方面好，哪些方面不好，一定要实事求是。真诚才能打动客户，真诚才能留住客户，真诚才能有收获。

寻找双方感兴趣的话题

在销售过程中，有的销售员几乎从刚一张嘴就遭到客户的反对。这些销售员完全站在自己的立场上考虑问题，希望一股脑儿地把有关产品的信息迅速灌输到客户的头脑当中，却根本不考虑客户是否对这些信息感兴趣。客户根本就没有开口说话的意思，他们唯一想说的就是“希望你马上离开”。

当你说服客户时，是否被拒绝过，如果有，这就表示对方对你产生了戒备心理。对方有戒备心理，对他的说服工作自然就很难进行，此时，如果你只是一味慷慨陈词进行辩解，只会导致更多的失败。正确的方法是在你进行说服之前，必须先仔细观察对方的言行举止，然后采取相应的策略。对于有戒备心理的人，最好的说服办法是从对方身上找到共同感兴趣的话题。

只有引起客户兴趣的话题才可能使整个销售过程充满生机。大多数客户是不会马上就对你的产品或企业产生兴趣的，这需要销售员在最短时间之内找到客户感兴趣的话题，然后再伺机引出自己的销售目的。要想自己成功地说服别人，就需要掌握说服的技巧。所谓说服，就是说话，说话的关键就是共同语言，如果没有共同语言如何交流呢?

据说，要劝嗜酒如命的人戒酒，最有效的说服来自具有相同痛苦经历的人。因为伙伴意识能够削弱他们的戒备心理，创造虚心听取意见的气氛。有经验的销售员一进入客户家中，总会立刻找到与这家主妇的共同话题而进行交谈。人们与初次见面的人交谈时，常常会问“哪个学校毕业的”“你是哪里人”等，这就是在寻找与对方的共同点。当你知道对方的出生地后，就可以说:

“哦！两年前我曾去过。”这样一来，你们之间马上就会产生一种亲切感，心理的距离会大为缩短。每个人大概都有这样的体会，如果知道对方与自己是校友，即使是初次见面，也会觉得很亲切，并能轻松愉快地交谈。

爱德华·查利弗先生曾为了赞助一名童军，需要参加在欧洲举办的世界童军大会，但是这需要筹一笔经费，于是他前往当时美国一家非常有名的大公司，拜会其董事长，希望他能够解囊相助。

爱德华·查利弗在拜访他之前，就听说他曾开过一张面额100万美金的支票，后来那张支票作废了，他还特地装裱起来，挂在墙上以作纪念。因此，当爱德华·查利弗一踏进他的办公室之后，立即针对此事，要求参观一下他的这张装裱起来的支票。爱德华·查利弗告诉那位董事长，自己从未见过任何人开过如此巨额的支票，很想见识见识，好回去说给小童军听。

那位董事长毫不犹豫地就答应了，并将当时开那张支票的情形详细地解说给查利弗听。查利弗先生并没有在一开始就提起童军的事，更没提到筹措基金的事，他提到的只是自己认为很有兴趣的事，最终的结果呢？说完那张支票的故事，未等查利弗提及，那位董事长就主动问他今天是为了什么事而来？他这才一五一十地将来意说明。出乎他的意料，那位董事长非常爽快地答应了爱德华的要求，还答应赞助5个童军去参加该童军大会，并且要亲自带队参加，负责他们的全部开销，同时还亲笔写了一封推荐函，要求他在欧洲分公司的主管提供他们所需的一切服务。最终查利弗先生满载而归。

由此可见，销售员在说服客户之前，最好是先找到共同的话题，拉近与客户之间的距离，这样事情就好办多了。其实，从某种意义上来说，在与客户的交际过程中，最大的难关就是怎样找到对方感兴趣的话题。如果你说话的技术到位，那么，你的说服就会获得成功，同时事情也就好办了。

对于客户十分感兴趣的话题，销售员可以通过巧妙的询问和认真的观察与分析进行了解，然后引入共同话题。因此，在与客户进行销售沟通之前，销售员十分有必要花费一定的时间和精力对客户的特殊喜好和品位等进行研究，这样在沟通过程中才能有的放矢。

某公司的汽车销售员赵峰在一次大型汽车展示会上结识了一位潜在客户。通过对潜在客户言行举止的观察，赵峰分析这位客户对越野型汽车十分感兴趣，而且其品位极高。虽然赵峰将本公司的产品手册交到了客户手中，可是这位潜在客户一直没给赵峰任何回复，赵峰曾经有两次试着打电话联系，客户都说自己工作很忙，周末则要和朋友一起到郊外的射击场射击。

后来又经过多方打听，赵峰得知这位客户酷爱射击。于是，赵峰上网查找了大量有关射击的资料，一个星期之后，赵峰不仅对周边地区所有著名的射击场了解得十分深入，而且还掌握了一些射击的基本功。再一次打电话时，赵峰对销售汽车的事情只字不提，只是告诉客户自己“无意中发现了一家设施特别齐全、环境十分优美的射击场”。下一个周末，赵峰很顺利地在那家射击场见到了客户。赵峰对射击知识的了解让那位客户迅速对其刮目相看，他大叹自己“找到了知音”。在返回市里的路上，客户主动表示自己喜欢驾驶装饰豪华的越野型汽车，赵峰告诉客户：“我们公司正好刚刚有一款新的豪华型越野汽车上市，这是目前市场上最有个性和最能体现品位的汽车……”一场有着良好开端的销售沟通就这样形成了。

在寻找客户感兴趣的话题时，销售员要特别注意一点：要想使客户对某个话题感兴趣，你最好对这个话题同样感兴趣。因为整个沟通过程必须是互动的，否则就无法实现具体的销售目标。如果只有客户一方对某个话题感兴趣，而你却表现得兴味索然，或者内心排斥却故意表现出喜欢的样子，那客户的谈话热情和积极性马上就会被冷却，这是很难达到良好沟通效果的。所以，销售员应该在平时多培养一些兴趣，多积累一些各方面的知识，至少应该培养一些比较符合大众口味的兴趣，比如体育运动和一些积极的娱乐方式等。这样，等到与客户沟通时就不至于捉襟见肘，也不至于使客户感到与你的沟通寡淡无味了。

“对症下药”，增强针对性

独特的个性、爱好、独特的知识结构使某个客户只能是“这样”而不能是“那样”。说服不同的客户，就要采取不同的谈话方式。例如销售员在说服客户的过程中，要根据客户的身份，改变自己说话的方式，这样说出来的话才能容易被客户接受，达到说服客户的目的。

怎样做到看对象说话？重要的是了解对象。对家人、对亲朋好友，你很熟悉，说话时自然会注意到不同的特点。而和初次相识的客户面谈，则需“慎言”，性别、年龄很好看出来，身份、职业、文化修养等则必须通过言谈话语去了解。因此，与陌生客户见面，不要急于说什么，而要先倾听对方的话语，如果对方彬彬有礼，你也应该文雅、和气、谦逊；如果对方说话很直，不会拐弯抹角，你也应该坦诚、实在，想到什么说什么；如果对方情绪低落，不爱说也不想听，你就应该少说几句或者干脆不说。总之，要在了解客户的基础上，说出合适、有礼貌的话。

三国时期，有一场著名的赤壁之战。曹操统率百万大军准备攻打吴国，当时吴国分为主战派和主和派。诸葛亮为了说服孙权和蜀汉联手抗曹，就不远千里来到东吴，说服东吴与蜀国联盟，以增加主战派的声势。到东吴后，吴国的主战论者鲁肃对诸葛亮说："为了促使孙权下决心打仗，你可以把曹操的实力故意说得弱一些。"可是，当孙权向诸葛亮询问曹操兵力时，诸葛亮却说："据说曹操一共有精兵锐将一百多万，可是实际上并不止这个数字。所以，在这个时候，比较明智的还是联盟。"孙权很惊讶地问道："那为什么刘备兵力比吴国还弱，还敢和曹操对抗呢？"诸葛亮说："我的主公为了复兴大汉皇室，和曹操一战是必不可少的。这是正义之战，兵力是次要的问题。为了吴国的安全着想，我劝你还是和我主联盟。"听了孔明这番话，孙权也立志要和曹操决一胜负。于是蜀吴两国合力抗曹，才有了后来以少胜多的赤壁之战。在历史上留下了辉煌的一页。

诸葛亮知道孙权也不是一般简单的人物，如果把敌方的兵力说弱了，或许他就不会与刘备联盟。相反，敌人的强大更容易激起他的斗志。由诸葛亮游说孙权的例子可以看出，诸葛亮"看人说话，说话因人而异"是很成功的。

每个客户的年龄、性别、个性、爱好、性格、文化程度、家庭环境等都存在着差异，一件事情用同样的方法是解决不了问题的。企业内部在做好具体工作的同时，在谈话上必须做到因人因事而异，运用“一把钥匙开一把锁”的方法，从而达到心灵的沟通，相互理解。

有很多的销售员在做事之前都会深入思考，比如自己将在什么时间做什么事、见什么人、说什么话等。大多数的客户在接待销售员的时候，都不喜欢说话条理不清的销售员。有的销售员上门就介绍：“我是 ×× 公司 ×× 分公司的销售员 ×××”。这句话太长，客户一听就感觉不舒服，听了一大串，很可能还是不知道你的情况。通常的介绍是：“您好！我是 ×× 厂的。”客户看你了，再说：“我是 ××，是 ×× 分公司销售员。”

明明是一个很好的意见，却不被客户接受，那么，就得想法说服对方。而说服力最重要的就是要因人而异去使用说服方法。简单地说，就是因人而选择适宜的说辞。要根据人“对症下药”，不同的人采用不同的说服方法。这就要求我们必须具备丰富的知识和体验。为了能具备这种说服的才能，就得体会各种经验，使自己的见识进一步增加。

销售员在说明来意时，要学会假借一些办法引起客户的注意。你可以说“是 ×× 经理派我过来的。”也可以说“经过 ×× 客户介绍的，我专程过来拜访您。”或者“是 ×× 厂家销售员说您生意做得好，我今天到此专门拜访您，想在您这儿取取经！”这样客户就很难回绝你，同时又明白你对他或者对市场已有所了解，不是什么都不知道，他会很积极配合你。

“看人说话，对症下药”的销售技巧要考虑以下几个方面：

根据年龄的大小。对年轻人，多用些煽动的语言；对中年人，应陈述利害，以供他们斟酌；对老年人，应以商量的口吻，表示出对他们的尊重。

不同的职业。被说服者无论从事何种职业，都要运用与对方的专业知识相关的话语与之交谈，这样，对方对你的信任程度就会加深很多。

对不同性格。如果对方是一个豪爽的人，你大可单刀直入；如果对方性格谨慎，便要慢慢解释；如果对方生性多疑，应该不动声色，让他把疑惑消除。

对不同的文化程度。一般情况下，被说服者如果文化程度较低，说话就要简单明确，多使用一些具体数字和例子。而对文化程度高的人，就可以多一些抽象的说理。

根据兴趣爱好。每个人都有自己的兴趣爱好，而大家的兴趣往往都是不同的。根据不同的兴趣，从谈他人感兴趣的话题开始。凡是有兴趣爱好的人，当谈起和他有关的爱好，对方便会提起兴趣，亦会产生好感，可以为下一步的游说打好基础。

销售员在说服客户时，同一内容可用不同的方式来表达，才会被不同的客户接受。这就是所谓说话要看对象。“见什么菩萨卜什么卦，看什么人说什么话”说的就是这个道理。可以说，说话必须看对象、看场合、看人下菜、对症下药，否则，你再能言善辩，客户不买你的产品也是白搭。

质问语气伤人心

话语最能反映出一个人的素质，有些人常因言多而伤害他人。话语伤人胜于刀伤，因为刀伤易痊，舌伤难愈。与客户说话的目的在于成交，在这一过程当中，一定要避免因说话不当而使主客关系变得紧张，所以，销售员说话前应该先为客户想一想，不要以话语伤人，俗话说："恶语伤人六月寒，好言一语暖三春。"

话语在有的时候非常重要，也许哪一句话说的不对，或是客户听着刺耳，这样就得罪了客户，所以销售员在与客户交谈的时候也要讲究谈话艺术。以前看过这样一个故事：

公交车上有两位乘客在谈话。当时第一个说："昨天看《孤儿的春天》演得的确很好。""有什么好？"第二个质问。"剧情实在不错，对改良社会风气有一番见解。"第一个说。"有什么见解？"第二个仍然用那种语调。"还用问吗？它不是指出不良少年都是被迫走上歧途的吗？"说这句话的时候，第一个似乎有点不悦了。"这算是什么独特见解？"第二个依然用质问语气。

这两位乘客的交谈充满了火药味，气氛很尴尬，毛病出在第二个乘客，用质问的语气谈话是最伤感情的。像有些销售员与客户发生矛盾，都是由于销售员喜欢以质问式的态度来与客户谈话所致。就像那两位乘客，如果第二个乘客改变他的态度，结果可能就会完全不同。比如，当他不同意对《孤儿的春天》的看法时，他可以坦白说出自己对该部电影的见解，而不是用质问的方式让对方感到窘迫，这样谈话才可以愉快地进行下去。

如果你觉得客户有些地方说得不对，你不妨立刻把你的意见说出，何必一定要先质问，使客户难堪呢？同样，也有些销售员爱用质问的语气来纠正客户的错误："昨天我想是今年以来最酷热的一天了。""你怎么会知道？"在有的时候，客户虽然说错了，你也没有必要给他一个难堪的质问。你既知道昨天热度不过34℃，而前天却达到35℃，那么，你说出来好了。先质问，后解释，犹如先向客户打了一拳，然后再向他解释为何打他一拳，足以破坏双方的情感。被质问的客户往往会被弄得很尴尬，自尊心受到很大的打击，如果他是个脾气不好的人，必致恼羞成怒而激起争辩。

销售员的虚心、诚实、坦白和尊敬客户，是面谈成功的必备条件，为难客户，借以逞一时之快，于人于己皆无好处。你不愿别人损害你的自尊，你也不可损伤他人的自尊心。对于你的客户，如果有什么不妥之处，你可以询问原因，可以向他们解释，但方法、态度要来得真诚大方，质问是不适宜的。如果你想让客户心悦诚服，越是在意见分歧的时候，越不可用质问的方法，当客户因为你的质问而窘迫时，在形势上他失败了，他必定会抱恨在心。虽然在双方的戏谑中，偶尔以质问的语气开玩笑是可以的，可是不要常常用，以免成了习惯。

“一战”之后，土耳其战胜了希腊。英国召集列强与土耳其在洛桑谈判，企图威胁土耳其签订不平等条约。谈判桌旁，双方强弱悬殊太大了。英国方面是外相柯尊，他身材魁梧，声若洪钟，名震各国。同时，他还得到了法、意、美、日、俄、希腊等各列强代表的支持，他们个个盛气凌人。而土耳其的代表叫伊斯美，他身材矮小，耳朵有些聋，是一个无名之辈。然而，面对列强咄咄逼人的攻势，伊斯美却从容不迫地应付一切，对土耳其有利的发言他都听得清清楚楚，不利的话他似乎全没听见。伊斯美瞅准时机，笑着说道：“让我说说维持土耳其的条件，好吗？”

英国外交大臣柯尊立即大动肝火，大声吼叫着，恫吓威胁伊斯美。各国列强代表也支持柯尊，威胁伊斯美。面对这些“狰狞”的面孔，伊斯美像往常一样装聋作哑，稳稳当当地坐在椅子上，若无其事，还慢慢地故意流露出一丝不解和有点迷惑的表情。柯尊声嘶力竭叫了一阵之后，再也无力咆哮。伊斯美不慌不忙张开右手，贴在耳边，将整个上身慢慢移近柯尊，极温和地问：“柯尊先生，你说什么，我还没有听明白。能请您再重复一遍吗？”接着他抱歉地摊开双手：“真遗憾，因为我耳聋，所以，只好再麻烦您了。”柯尊被伊斯美气得直翻白眼，好半天一句话也说不出来，最后泄气地瘫坐在椅子上。其实，伊斯美心里明白，柯尊的暴怒只是一种短暂而不顾一切的突发激情，极难重复。于是，他就采用“装聋对策”牢牢控制住了柯尊的情绪。

由此可见，即使是在销售的面谈中，对怀有恶意的客户，销售员不必与其拼个鱼死网破，拿出一点高姿态未尝不可。对那些粗鲁的客户，只需敲山震虎后便及时收手。交谈的目的是要让客户了解自己的思想和感情。语言是社会交际的工具，是人们表达意愿、思想感情的媒介和符号。语言也是一个人道德情操、文化素养的反映。在与客户面谈的过程中，如果能做到言之有理，谈吐文雅，就会给他留下良好的印象；相反，如果满嘴脏话，甚至恶语伤人，就会令客户反感。在销售面谈过程中，销售员要把握好“分寸”，置人于死地之事最好不做，做一个可方可圆之人，方能说服他人，达到成交的目的。

把握谈话分寸，不与客户争论

在与客户的面谈中，会出现很多的分歧，在面对这些分歧时，销售员的选择是思维习惯的一种表现。所以，当客户与你意见相左时，销售员不应该抱着与他们争论到底的心态去说服他们。说服是一个讨论的过程，应该在愉快而和谐的谈话过程中，让客户心甘情愿地接受你的意见。

不要试图用暴力去压制你认为不正确的意见，因为如果压制，其实只说明你自己受到了这些意见的压制。说服客户应该就事论事。讨论的双方都要明白讨论的是事情，而不是讨论者本身。对事物的不同意见，不应形成对个人感情的冲击。

作为一个销售员，要想提高自己的销售业绩，就要充分考虑中国人的“面子”问题，在销售产品时，注意给客户留“面子”，尊重客户的意见。客户的意见无论是对是错、是深刻还是幼稚，销售员都不能表现出轻视的样子，你也不能语气生硬地对客户说“你错了”“这么简单的问题你都不懂”“你没搞懂我说的意思，我是说……”这些说法明显地抬高了自己，贬低了客户，会挫伤客户的自尊心。客户心里不高兴了，你说的话再有道理，对方也不会听进去，那么，这样一来，你的销售也就没必要进行下去了。就算继续下去，也不可能得到客户的认同，你的产品也是不可能销售出去的……

争论带给双方的结果却是很少有人考虑的。人们在生活中还是遵循感觉行事，争论所带来的快感盖过了一切，但争论达到说服的目的了吗？即便是有名的哲学家也不能免俗。罗素是个争强好辩的人，他因此失去了不少朋友，这使他常感懊悔。他有一位朋友叫维特根斯坦，罗素对《逻辑哲学论》一书后半部分表现出来的神秘主义不能理解，于是就与他讨论。有一天，维特根斯坦严肃地对他说：“我们以后再也不要在一块谈论了。”争论的结果是造成双方的不快。谁也不考虑对方，只争一时的快意，是否比一位朋友的价值更大？是否就真的达到你要说服对方的目的了？

在销售过程中，有时避免争论也是不现实的，因为你可能遇上蛮横的、喜欢争辩的客户，这时，你怎样做才好呢？很简单，这样的客户素质一般是较低的，你回避也没有用处，你应该拿出有力证据，用你的方法击败客户。既然有了这个结论，那你就不妨争辩个痛快，在争辩中“大开杀戒”，打得他落花流水，哑口无言。但前提是，你必须有这个能耐，如果你没有这个能耐的话，就不要试图通过争论说服客户。

大多数情况下，争论的结果会是两败俱伤。伤人的是你的态度，而不是问题本身。因此，只要不是关乎成交，还是不要轻易使用争论这一利器。有一位成功的销售员说，我说服客户时不喜欢争论，因为这会使客户离开理智的讨论。是的，说服本身就是一种讨论，千万不要把讨论与争论当做一回事，这两个概念是完全不同的。说服客户是讨论，而不是争论。讨论能使人平心静气地分析问题，不会意气用事。讨论中有宽容，有自我否定。宽容对方的错误和偏见，同时把自己的不同见解表达出来，就更能让客户接受。讨论的最高法则是求同存异，这使双方都能相互包容。当然，讨论更是一种艺术，如果客户出现明显的错误，你只能理性地加以分析，不能穷追不舍，而应见好就收。因为客户是一个人，是一个情感动物和精神动物。有时候，客户表面上不肯认错，接受你的观点，不是意识不到错误，而是放不下脸面。在讨论中，不能以彼此承认错误的方式结束讨论，而应在讨论中增进彼此的理解和友谊。

说服客户可以固守己见互不相让，但彼此采取的都是尊重客户人格的态度，在尊重真理的基础上争论。为了不让自己的个人意见影响争论时的对错，应该采取双方商榷的方式和说理的态度，还要对事不对人。说服客户时，出言不逊、得理不饶人是绝对不可取的态度。

销售员要在说服中既不违心听从客户的建议，又能从善疏导，这是销售员都要有的美德。争论，并不能让你得到最满意的结果，稍微的让步收获得会比预期的多。这个让步并不是让你接受客户的意见，而是用一种客户比较容易接受的态度，用讨论的方法说服客户。记住，讨论并非争论，想要说服客户，争论不能达到目的。

用真诚的话语打动客户

真诚，是说服客户实现销售成功的第一乐章。曾经打败过拿破仑的库图佐夫在给叶卡捷琳娜公主的信中说："您问我靠什么魅力凝聚着社交界众多的朋友，我的回答是'真实、真情和真诚'。"真实、真情和真诚的话语，是打动客户的最佳诀窍。

大诗人白居易曾说过："动人心者莫先乎于情。"炽热真诚的情感能使"快者掀髯，愤者扼腕，悲者掩泣，羡者色飞"。说服客户如果只追求外表漂亮，缺乏真挚的感情，开出的也只能是无果之花，虽然能欺骗客户的耳朵，却永远不能欺骗客户的心。著名演说家李燕杰说："在演说和一切艺术活动中，唯有真诚，才能使人怒；唯有真诚，才能使人怜；唯有真诚，才能使人信服。"若要使客户动心，就必须要先使自己动情。第二次世界大战期间，英国首相丘吉尔对秘书口述反击法西斯战争动员的演讲稿时哭得涕泪横流。正因为如此，他后来的发言才更加动人心魄，极大地鼓舞了英国人民的斗志。

说服客户贵在真诚。有诗云：“功成理定何神速，速在推心置人腹。”只要你与客户交流时能捧出一颗恳切至诚的心，一颗火热滚烫的心，怎能不让客户感动？怎能不动人心弦？

说服客户不是敲击锣鼓，而是敲击他们的心灵。成功的销售员总是能用真挚的情感、竭诚的态度击响客户们的心灵，刺激之、感化之、振奋之、激励之、慰藉之。对真善美热情讴歌，对假恶丑无情鞭挞；让喜怒哀乐，溢于言表；使黑白贬褒，泾渭分明。用自己的心去弹拨客户之心，用自己的灵魂去感染客户的灵魂，使听者闻其言，知其声，见其心。

著名词人晏殊素以说话真诚著称。在他 14 岁参加殿试时，真宗出了一道题让他做。晏殊看罢题后，对真宗说：“陛下，10 天前我已经做过这个题目了，草稿还在，请陛下另外出个题目吧！”真宗见晏殊如此真诚，感到他很可信，便赐予他进士出身。晏殊任职期间，每逢假日，京城的大小官员都会在外边吃喝玩乐。晏殊因为家里比较贫穷，没有钱出去玩乐，所以只好在家里和朋友们闭门读书。有一次，真宗点名要晏殊辅佐太子，许多大臣都不理解。真宗解释道：“近来群臣经常出门游玩饮宴，唯有晏殊与弟兄们每天读书写文章，如此自重谨慎，难道不是最合适的人选吗？”然而晏殊却向真宗谢恩后说：“其实我也是个喜欢游玩的人，但因家里贫穷无法出去。如果我有钱，也早就去参与宴游了。”真宗听后，更加赞叹晏殊说话的真诚，对他也更加信任。

所以说，真诚的语言，不论对说话者还是对听话者来说，都至关重要。说话的魅力，不在于说得多么流畅，多么滔滔不绝，而在于是否善于表达真诚。最能销售产品的销售员，不见得一定是口若悬河的人，而是善于表达自己真诚情感的人。

美国前总统林肯就非常注意培养自己说话时的真诚，他说：“一滴蜂蜜要比一加仑胆汁更能吸引更多的苍蝇。人也是如此，如果你想赢得人心，首先就要让他相信你是他最真诚的朋友。这样才会像一滴蜂蜜那样吸引住他的心，也才是一条坦然大道，通往他的理性彼岸。”1858 年，林肯在一次竞选演说中说：“你能在所有的时候欺骗某些人，也能在某些时候欺骗所有的人，但你不能在所有的时候欺骗所有的人。”这句著名的格言，成了林肯的座右铭，也成为我们今天说话者应依据的座右铭。

如果你能用得体的语言表达你的真诚，就能很容易赢得客户的信任，客户也可能因此喜欢你说的话，并答应你提出的要求。能够打动人心的话语，才可称得上是金口玉言，一字千金。

人与人之间都应真诚相待。那么，我们该如何换来客户对我们的真诚呢？答案很简单，只有七个字，那就是：用真诚换取真诚。

当松下电器公司还是一个乡下小工厂时，作为公司领导，松下幸之助总是亲自出门销售产品。每次在碰到砍价高手时，他总是真诚地说：“我的工厂是家小厂。炎炎夏日，工人们在炽热的铁板上加工制作产品。大家汗流浃背，却依旧努力工作，好不容易才制造出了这些产品，依照正常的利润计算方法，应该是每件 ×× 元承购。”听了这样的话，对方总是开怀大笑，说：“很多卖方在讨价还价的时候，总是说出种种不同的理由。但是你说得很不一样，句句都在情理之中。好吧，我就按你开出的价格买下来好了。”

松下幸之助的成功，在于真诚的说话态度。他的话充满情感，描绘了工人劳作的艰辛、创业的艰难、工作的不易，语言朴素、形象、生动，语气真挚、自然，唤起了客户的感同身受和深切的同情。正是他的真诚，才换来了客户真诚的合作。

拳王阿里年轻时因为不善言辞而影响了他的知名度。一次，阿里参赛时膝盖受伤，观众大失所望，对他的印象更加不好了。而当时阿里并没有拖延时间，而是要求立即停止比赛。阿里对此解释说："膝盖的伤还没到影响比赛的程度，但为了不影响观众看比赛的兴致，我请求停赛。"在这之前，阿里并不是一个很有人缘的人，但是由于他对这件事的诚恳解释，观众开始对他有了好印象。他为了顾全大局而请求比赛暂停的真诚，是在替观众着想，由此也深深地感动了观众。

成功说服表现在如何打动人心上。阿里以一句发自内心的真诚之语挽回了观众对自己的不良印象，也换来了观众对他的支持与喜爱，可谓一字千金。一个销售员能成功，很多时候并不在于他能滔滔不绝地吹嘘自己，而是他能为客户着想，关心客户的利益，用自己的真诚换来了客户的信任。其实，在这个世界上并没有绝对的正确和错误，只是一个人所站的立场不同。因此在与客户交谈的过程中，销售员要经常站在客户的立场去为他说几句话，经常主动地去理解客户，真诚地认同客户的话。即使客户的观点有点不符合事实，销售员也不需要仅仅凭借自己的主观意见去指责或说客户的不是。只有当我们真诚地关注客户时，我们才能获得客户的关注。客户也会被你的真诚话语所打动，从而愿意购买你的产品。

让客户觉得你是在为他着想

奥地利著名心理学家亚德勒在著作《人生对你的意识》中有这样一句话：“对别人不感兴趣的人，他一生中的困难最多，对别人的伤害也最大。所有人类的失败，都出自这类人。”

如果你是一位销售员，你可能正在为找不到客户而发愁。那么从现在开始不用着急，只要你真正对别人感兴趣，在接下来的两个月内你所认识的客户，会比要求别人对他感兴趣的人在两年内认识的都要多。

会说话的销售员，常常都是最善于说对方感兴趣话题的人；最会办事的销售员，也常常是那些做了让客户感激或感动的事的人。

如果你想让自己说出的话具有价值，能引起客户共鸣，那么你就要记住一条黄金法则：你想要客户如何对待你，你首先就要如何对待客户。只有从关怀客户的角度出发，多为客户着想，才能赢得客户的信任和认可。

销售员罗塞尔打电话给他的客户：“您好，杰克先生，现在我将要为您提供一项服务，是其他人无法替您设想的。”“究竟是什么服务？”客户不解地问。“我可以为您供应一货车石油。”“我不需要。”“为什么？”“因为我没有地方可以放啊！”“杰克先生，如果我是您的兄弟，我会迫不及待地告诉您一句话。”“什么话？”“货源紧缺，很快您将无法买到所需要的油料，而且价钱也要涨，我建议您现在买下这些石油。”“我现在用不上，而且我也真的没地方可以放。”“为什么不现在租一个仓库呢？”“还是算了吧，谢谢你的好意。”不一会儿，当罗塞尔回到办公室时，看到办公桌上放着一张留言条，上边写道："杰克先生让您回电话。"罗塞尔拨通了杰克的电话，杰克在电话那头说："我已经租好了一个旧车库，能存放石油，请您将石油送过来吧！"

如果销售员能够为客户提供有价值的信息时，客户就不会不为你的生意着想。如果你不仅仅是一个销售员，还是对方的顾问，他们获得了由你提供的可靠消息后，你的生意肯定不会从此就不再有下文了。无论任何时候，要获得对方的认同，就先要为对方着想，关心对方的利益，如此你们才能成为最佳的合作伙伴，获得利润上的双赢。

在销售面谈过程中，有些销售员长篇大论甚至慷慨激昂，可就是难以提起客户的精神；而有些销售员寥寥数语，却掷地有声，产生魔力。这是为何呢？很简单，因为后者能了解客户的内心需要，能设身处地地站在客户的立场，为他着想。因此他们的话总是充满真诚，也更容易打动客户。

站在客户的立场，处处为客户着想，首先就要假设自己是客户。假设自己就是客户，你想购买怎样的产品和服务？自己真正需要的是什么？会如何要求售后服务？这样就能站在客户的立场去看待问题。公正地为客户着想，首先要对自己的产品有信心，而且知道面前的这个客户是不是需要购买产品。不要向一个不抽烟的人销售烟灰缸，因为他不需要这个。

站在客户的立场上，就比较容易抓住销售的重点。事实上，大多数销售员对客户所持的态度，与我们所要求的设身处地为客户着想相比，还有很长一段距离。他们最典型的态度往往是："客户为什么要购买那些产品或服务，我对此一点也不感兴趣。重要的是顾客买了产品或服务，而我拿到了钱。"如此的心态，能够培养忠实购买你的产品的回头客吗？显然不能！要想取得客户的信任，关键是要让客户感受到你为他服务的良好态度，是否处处为客户着想，是否站在客户的立场看待问题，帮助客户解决问题。在与客户交往的过程中，要特别注意的就是设身处地为客户着想，在为客户提出任何意见和建议时，都要告诉客户这样做对他的好处。

一家公司想做一个10平方米的大屏幕，找到一家电器公司为他们定做。销售员经过具体测量后，告诉他们做10平方米不太好，只能做8平方米，否则视觉效果会不好。别人说这个销售员很傻，客户想做大一些还不好？大一点赚钱多。可这个销售员却是这样想的：如果我没有说“不”，而是按照他们的要求做10平方米的，安装完毕后如果他们觉得不对，我一句话就可以糊弄：“当初是你们要做10平方米的啊。”即使他们嘴上不说，心里也会觉得是我坑了他们，因为我是专业人士，应该站在他们的立场上，提出中肯的建议。

为客户着想，还要在客户利益的基础上，为客户考虑。不能为了自己的利益给客户带来任何困扰。要让你的客户每多花1分钱，都能获得多1分钱的价值。

沃尔玛公司是世界上最大的商业零售企业，在沃尔玛公司拥有500多亿美元的资产时，老板萨姆·沃尔顿率领的采购队伍仍然非常节俭，有时8个人住一个房间。对此，有人问萨姆：“这么大的公司为什么还要这么精打细算？”萨姆回答说：“答案很简单，我们有义务为顾客着想，我们珍视每1美元的价值。我们的存在是为顾客提供价值，这意味着除了提供优质服务之外，我们还必须为他们节省钱。如果沃尔玛公司愚蠢地浪费掉1美元，那都是出自我们顾客的钱包。每当我们为顾客节约了1美元，那就使我们自己在竞争中领先了一步——这就是我们永远打算做的。”为顾客节约1美元，在销售定价上就低了1美元，在竞争中就领先了一步。

设身处地地为客户着想，是始终以客户为中心的前提，作为一名销售员，能经常换位思考是非常重要的，设身处地地为客户着想就意味着你能站在客户的角度去思考问题、理解客户的观点、知道客户最需要的和最不想要的是什么，只有这样，才能成功地拿到订单。

巧妙地利用反语，更有说服力

我们知道，不管哪一种语言都有约定俗成的习惯性。在一定的情况下，人们也会出于表达的需要打破习惯，并反其道而行之，这样便形成了反语。反语是一种极端拐弯抹角、彻底的迂回表达，但这种反语反而能达到很好的效果。

销售员在说服客户的过程中，巧妙地利用反语会更有说服力。因为有些话绝对不允许你说出来，为了避免尴尬，从反面说起是一个很好的办法。要知道，真理再向前一步就可能变成谬误，反面的话稍加引申，就可以看到另一面了。

一位女士不小心摔倒在整洁无比的商店里，手中的奶油蛋糕弄脏了商店的地板，便歉意地向老板笑笑，不料老板却说：“真对不起，我代表我们的地板向您致歉，它太喜欢吃您的蛋糕了！”果然，老板的热心打动了这位女士，于是她下决心“投桃报李”，买了好几样东西后才离开。

请注意这两处颠倒，应该接受道歉的人偏偏要颠倒一下自己的身份，充当了一次彬彬有礼的致歉者。但也正是因为有了这种颠倒，才那么巧妙地把自己的美好形象销售了出去！何为聪明？这就是。

在说服客户的过程中，反语是一种有力的迂回术。反语通过欲擒故纵来获取合适的谈话角度，达到比直言陈述更为有效的说服效果。

战国时期，有一个人得罪了齐景公，齐景公非常生气，命人将这个胆大包天的人绑在了殿下，要召集勇猛的武士把这个人肢解了。为了不让其他人干预这件事情，他甚至下令："有敢于劝谏者，也定斩不误。"见国王生这么大的气，文武百官没有一个人敢上前自讨杀身之祸。晏子见武士们要对那人杀头肢解，急忙上前说："让我先试第一刀。"人们都感到很奇怪，晏相国平时是从来不亲手杀任何东西的，今天怎么啦？只见晏子左手抓着那个人的头，右手磨着刀，突然抬起头问坐在一旁的齐景公："历代贤明的君主都没有肢解过人，您知道是从哪里开始下刀吗？"齐景公赶忙离开坐席，一边摇手一边说："别动手，别动手，把这人放了吧，是寡人的错。"那个人早已吓得半死，等他从惊悸中恢复过来，还不敢相信自己的头没有与身体分家，连忙向晏子磕头道谢。

在齐景公身边，晏子经常通过这种正话反说的方法，说服齐景公改变一些错误的决定。《五代史·伶官传》中记的一件事也十分有趣：

庄宗喜好田猎，在中牟打猎，践踏许多民田。中牟县令为民请命，庄宗发怒，要杀他。伶人敬新磨得知后，率领众伶人去追赶县令，将之拥到马前，责备他说：“你身为县令，怎么竟然不知道我天子喜爱打猎呢？为何让老百姓种庄稼来交纳赋税，而不让你治下百姓忍饥去荒废田地，让我天子驰骋田猎？你罪该万死。”于是拥着县令前来请求庄宗杀之。庄宗听后无奈大笑，县令被赦。

在销售过程中，运用反语说服客户，可以达到一些直陈达不到的目的，但是，反语并不是胡乱说，在说之前还要注意，反语可以用于讽刺，但是讽刺并不全由反语构成，也并不是所有的反语都有讽刺意味。因此，运用反语时要分清敌友，感情色彩要鲜明。运用反语时必须让客户明白这是正话反说或反话正说，否则，客户按字面意思来理解，那就适得其反了。口语中，有表情、语气、语调来帮助，一般不会让人误解。书面语中，可以在上下文适当点明本意，或使用引号、着重号来暗示，以区别于正面论述。

巧用反语是使用与本意恰恰相反的语言来表达本意。有些不能直说的话，如果能巧妙地用反语说出来，一则保全了客户的面子，二则达到了很好的说服目的。在说服客户的过程中，不妨使用反语。

懂得“攻心”，对客户说明利害

无论是在单位里还是在社会上，大家都很关心自己的利益，因为人们毕竟生活在现实社会里，虽不能说“人为财死，鸟为食亡”，但要生存就离不开各种利益。所以，当你想要说服客户购买产品时，应当告诉他这样做有什么好处，不这样做则会带来什么样的不利后果，任何一个客户都会为之所动。

想要说服客户购买你的产品，就应该让他知道这件产品的小利大害之举，这样更能取得他的信任，进而购买你的产品。当然，这个大害可能已经存在很长时间了，也可以是某人因看他不顺眼而特意给他的。

想说服一个人不要做某件事，也可能采用“利而害之”的策略。我们来看这样一个例子：

一位老人在退休后买了一间简陋的房子。不久，有几个孩子开始时不时在附近踢垃圾桶闹着玩。老人年纪大了，受不了这种噪声，于是打算出去说服这几个孩子。说公德当然是没有用的，恐吓告知其父母也不会成功，于是他说：“你们这样玩得很高兴，我看着也很喜欢。如果你们每天都来踢垃圾桶，我会每天给你们每人1块钱。”几个孩子很高兴，更加卖力地表演自己的足下功夫了。3天后，老人忧愁地说：“通货膨胀减少了我的收入，从明天起，每个人只能给你们5角钱了。”几个孩子显然是有些不开心了，但还是接受了老人的条件。一周后，老人又对他们说：“最近没有收到养老金支票，对不起，只能每天给你们2毛钱了。”一个孩子脸色发青：“2毛？我们才不会为了区区2毛钱浪费宝贵的时间在这里表演呢，不干了！”从那以后，老人终于过上了安静的日子。

几个孩子没事踢垃圾桶，是因为他们乐意这样玩，这是他们踢垃圾桶的利，是受他们所控制的。如果直接去叫他们不要再踢，他们根本也不会听，而老人以钱财作饵，在孩子心中建立因为钱财之利而踢垃圾桶的思想，从而使他们所追求的利由可控转化为不可控，这个“利”就控制在老人手中，所以，当老人停止给利时，他们就因为没有利而不愿意再去做了。

销售员在说服客户时，言明利害有四大特性，第一是针对性，即所说的利害是他心中的利害，而不是每个人心中自我倾向的利害；第二是可信性，也就是对方对该利害的相信程度；第三是不可控性，即该利害至少是他所未得到控制的利害，当然，一般情况下，陈说利害是由说服者所掌握的；第四就是差别性，即小利大利、小害大害的差别。如果利害没有针对性，对他人来说也不会起到任何作用。利害若无可信性，那么对方会怀疑甚至不相信，起不了作用。如果利害能控制，可以由他人掌握，何必要听从于你呢？

销售员说服客户的关键就是攻心的计谋，所以，“因敌制胜，应形于无穷”是说服中最高的心法，也就是说，围绕着对方的心而谈，说以无穷的利害变化，让客户认为你是在替他着想，而且你的想法能给他带来很多利，他就会听从你的建议，在不知不觉中，就容易受你影响从而接受你所说的话。

球王贝利是足球史上享有盛誉的天才。在他还很小的时候，他就显示出了足球天赋，而且取得的成绩也是相当不错的。

有一次，小贝利刚刚参加完一场激烈的足球比赛，伙伴们都精疲力竭，有几位小球员点上了香烟，说吸烟能解除疲劳。贝利见他们都抽，也要了一支。他得意地抽着烟，看着淡淡的烟雾从嘴里喷出来，觉得自己很潇洒、很前卫。但很不巧，他这种行为被赶来看他的父亲看到了。吃完晚饭后，贝利的父亲坐在椅子上问他：“你今天抽烟了？”小贝利红着脸说：“抽了。”他低下了头，准备接受一向严厉的父亲的训斥。

但父亲并没有像他想象中的那样做，而是从椅子上站起来，在屋子里来回地走了好半天，这才开口说话：“孩子，你踢球是有几分天赋，如果你勤学苦练，将来可能会混出点出息。但是，你应该明白足球运动的前提是你具有良好的身体素质。可今天你抽烟了。也许你认为这是第一次，而且只抽了一根，以后不再抽了。但是，你应该明白，有了第一次便会有第二次、第三次……每次你都会想：仅仅一根，没什么关系的，但天长日久，你会渐渐上瘾，那时你就不能那么自如地控制自己，你的身体就会不如从前，而你喜欢的足球也会因此而远离你。”

父亲接着说：“作为父亲，我有责任教育你向好的方向努力，也有制止你任何不良行为的责任。但是，是向好的方向努力，还是向坏的方向滑去，这主要还得看你自己。”话说到这里，父亲问贝利：“你是愿意在烟雾中损坏身体，还是愿意做个有出息的足球运动员呢？你已经懂事了，一些事情由你自己选择吧！”说完，父亲从口袋里拿出一叠钞票递给贝利：“如果不愿做个有出息的运动员，执意要抽烟的话，这些钱就作为你抽烟的费用吧！”说完，父亲默默地离开了。

贝利望着父亲离开的背影，仔细回味着父亲那深沉而又恳切的话语，不由得掩面而泣，过了一会儿，他停止了哭泣，拿起钞票走到父亲的房间里，他对父亲说：“爸爸，我再也不抽烟了，我一定要做个有出息的运动员！”从那次以后，贝利训练更加刻苦。后来，他终于成为一代球王。他的成功跟父亲的一番教导是分不开的。而父亲当初对他的说服，也正是把利害都说了出来，让他明白什么是利，什么是害，自己做出选择。而如果父亲当初打他一顿，只说不让他抽烟，他很可能会因为逆反心理而不听他父亲的话，背着他父亲偷偷抽。

销售员在说服客户的时候，晓以利害，让他觉得你说的更有道理，是更好的选择，从而你也就说服对方了。

针对各类客户，学会巧妙说服

由于每个人的年龄、身价、地位的不同，每个人的心理也不尽相同，面对各种类型的客户，有些销售员经常会因为性格问题与客户产生冲突、误解、拒绝。对此，最好不要试图去改变你的客户，你要做的是把产品销售给不同性格的客户。

打动脾气暴躁型客户

在生活中，有的人性格大大咧咧，有的人好动活泼，有的人迟缓安静，也有的人脾气暴躁。作为一名销售员，工作的性质决定了自己要面对形形色色、各种各样的客户，也难免遇到脾气暴躁的，甚至素质低下、粗鲁蛮横的客户，如果稍有不慎，就会遭到对方的无理谩骂。然而，“客户就是上帝”，一个称职的销售员应该懂得如何应对客户的暴躁，始终能以乐观的心态、真诚的服务来安抚客户的暴躁，完成销售。

客户的暴躁是因为着急厌烦，或是对产品某方面存在不满。不管这种暴躁与销售员有无关系，销售员都要正确对待，想方设法安抚，这是一个优秀销售员应该具备的职业素质，也是提升销售业绩的制胜法宝。

销售员经常要面对客户的粗暴脾气。即使没有任何过失，也要把一切责任揽在自己的身上。尤其是面对那些脾气暴躁的客户，由于他们不能做到自控，常常会把销售员当做出气筒。但是，销售员仍然要忍耐。柏拉图说：“耐心是一切聪明才智的基础。”对于脾气暴躁的客户，销售员的争执与反驳只会让客户的怒火愈演愈烈，使情况更加恶化。所谓“忍一时风平浪静，退一步海阔天空”，一个优秀的销售员要学会用自己的理解、包容与忍让来安抚客户的暴躁情绪。

老周是个脾气古怪的老头，动不动就对别人吹胡子瞪眼睛。一周前他从小叶这里买了一幅中国绣品，今天突然跑过来要求退货。

老周：“我怀疑你卖给我的中国刺绣不是真品，为什么阳光一照它就会散发出让人难以忍受的刺鼻气味？我买它是来装饰的，但它现在起到的作用就是破坏，我不要了，你给我退货。”

小叶：“亲爱的老周先生，您不要着急，慢慢告诉我好吗？”

老周：“慢慢告诉你，我根本就不想跟你说话，你快点给我退货。”

小叶：“您要求退货，我会按照您的意思办的，您现在可以告诉我具体的情况了吗？”

老周：“我真是不知道自己怎么会上了你的当，这幅刺绣看起来是多么美，但挂在客厅里却散发出那么难闻的气味，我怀疑它是和腐肉一起运来的，是吗？”

小叶:“原来是这样,真的很抱歉,老周先生,我保证帮您退货,而且我会加倍补偿您，我帮您紧急订做一幅新的壁挂好吗？”

老周：“还想糊弄我的钱吗？”

小叶：“请您放心，是免费的，作为对您的补偿。”

这番话让坏脾气的老周先生气消了不少。两天后，小叶将新定做的绣品送到老周先生的家中，一进门，小叶就闻到一股刺鼻的腐肉味儿。原来老周先生的夫人一年前去世，这突然的打击让老头脾气大变，把骂人当成一种发泄的手段，他的家中因长期不收拾，杂乱不堪，到处堆满生活垃圾。小叶见状，争取了老周先生的同意，开始为他的房子做彻底清扫，结果在沙发下面发现了一只死去很久的老鼠，散发着令人作呕的臭气，老周先生说的刺鼻气味正是来源于这只老鼠。

当小叶把一个干净整洁的房子交还给老周先生的时候，怪脾气的老头感动地落了泪。

成功的销售员很清楚，任何人都有心急、暴躁的情绪，但是这种情绪可以在赞美和认可中缓解。况且每个人都有虚荣心，如果销售员能够学会用自己的赞美满足客户的虚荣心，那么客户就会在愉悦中忘记内心的暴躁不安。

销售过程中，一些小问题常常会惹得性格暴躁的客户大发脾气，甚至对销售员产生误解。作为销售员就要学会处理好客户的情绪，适当地对客户道歉就是一个好方法。无论是被客户误会，还是产品介绍不周，销售员的道歉都能平息客户的怒气、缓和客户的情绪，从而扫除一切有碍于销售的不利因素。

总之，面对性格暴躁的客户，销售员一定要保持良好的心态，用自己的真诚与宽容化解客户的不快。一个销售员的态度不仅关系到销售业绩，同时也代表着公司形象。对客户时刻保持良好的态度，是一个销售员需要具备的基本素质。

说服防火墙型客户

作为一名销售员，你是否遭到过拒绝？当你想说服客户时，遭遇对方戒备心理的阻碍，这种情形在初次见面时是无可避免的，但是，有时熟人也会有这种表现，当他发现你怀有某种目的时，自然而然便会产生戒备心理。此时，你正和一位带着面具的人说话，对方隔着一道面具，你无法看清他的表情，不知他态度如何，所以你就无法采取良好的应对方法，但是，如果因为对方带着面具而放弃了进一步销售的念头，那便是不战而败。

客户有戒备心理，虽然不利于说服，但是未察觉对方的戒备心理，继续说服，那就变成了自娱自乐，对方不仅戴着面具，而且还背向着你，紧锁心扉。这就像一个人身上包上了一个护盾，这层护盾起到保护和反弹的作用，任何对他的言语都会被这层护盾接收，而无法进入他的内心世界。所以说在进行销售时，首先要辨别客户的身上对你产生的护盾，必须破盾而入，才能有进一步的成交可能。因此，进行说服之前，必须仔细观察对方的言行举止，判断他是否有戒备心理才行。

你与客户面谈时一直很顺利，可是客户却突然改变态度，语气严肃地答道："我知道，我知道，你要说的我都知道，回公司后，我会仔细再斟酌。"结果你期待的答复无疾而终，这就说明对方在谈话的途中将面具戴上。神经质的人戒备心理也很强，为了掩饰自己的戒备心理，言语便会变得模棱两可。

有些客户常常在一句完整的话中加入一些语意不明的词句，例如：话虽如此，无论如何他还是……，虽然……但是……，使人无法了解他的真正意思是什么。如果对方经常用这类词句，而且又一再重复，慎重选择每一个字句，说话速度变慢，这些现象都表示他的戒备心理已到极点。一位从事贸易的外国朋友说，他在中国进行生意洽谈时，闭着眼睛聆听对方的口气，比通过翻译者传达的信息更能了解对方的真正意思，因为我们的语言表达方式和英文不同，速度方面也有差别，当语气缓慢下来时，表示戒备心理逐渐升起。

为了突破坚强的心理防火墙，以便顺利进行说服，销售员要深入对方的深层心理，让对方对你产生好感，这才是最重要的。发现对方有警戒心之后，必须立刻采取行动，拆除对方的面具，好好听你的说服，如此一来，说服力便成功了一半。

但是，如果你对他说："你不必对我怀有戒心。"这不仅没有效果，反而会增加反作用，因为对方的深层心理被你识破了，所以他只好加厚心理的障壁，防止你再次突破。这时候，你应该停止说服工作，致力于铺设沟通的管道，和对方好好沟通。如果将人的心比喻为车轮，则可分为表层和深层，在进行沟通时，必须先将表层连接起来，借着表层的转动带动深层的转动，心理学上称之为情感协调。连接工作做得好，心与心的车轮便能顺利转动，产生共鸣，说服自然容易成功。

根据成功销售员的交流所得，原则上，销售员的成功率是说服占20%，沉默占80%，因此，销售员在销售时，都是尽量控制自己说话，多听客户的心声，待客户畅所欲言之后，购买的意愿自然提高。某一保险公司曾经举办一个座谈会，与会的10名优秀销售员竟然都不擅言辞。根据调查，由于他们不太会说话，客户不会对他们产生警戒心，能够轻松地说出心中的感受，这些销售员都成了忠实的听众，无形中双方便进行了情感沟通。就像美国的女精神分析医师来希蔓所主张的，心理治疗中，最重要的就是听患者说话，掌握对方的心思，才能和对方产生共鸣，这就是治疗的第一步骤，深层心理术的原理也是如此。

但是，如果销售员缄默，容易使对方感觉自己正面对着一道墙自言自语，认为自己被冷落，因此，要鼓励对方打开心扉，说出心中的感觉，必须让对方知道“我在注意听你说”，让对方知道的方法就是，点头表示同意，叹息表示关心，微笑表示亲切。说的也是，恩，我懂等表示同意。对于说话无味，同时明显表现出警戒心的人，应该以轻微的点头表示赞同，使他的精神逐渐放松，这样一来，警戒心自然会消失。无论你是否同意对方的说法，先表示同意，即使他所说的全是不合道理，缺乏道德的事情，你也得先全盘接受，这是心理学上一个重要的方法。

当客户意识到你赞同他的看法之后，警戒心就会消失，容易接受你的说服。美国的心理学家艾克曼就是以一句“很好”，使得反对死刑的学生最终放弃自己的论调，你全盘接受对方的意见之后，对方也会轻易地接受你的意见。

诱导对方说出自己的心声，配合他的意见表示赞同，是很有效的说服方法。假如你一心想要驳倒对方，对方必定会加强其警戒心，唯一的妙方就是以点头、微笑等方式表示完全接受他所说的。对方见你完全接受，心里又会产生一种抗拒感，认为并没有什么大不了的事，不需要你完全同意，仿佛事情是很严重的，于是他就会一步步走入你的圈套。其实，这种态度是深层心理引起的，所以效果特别大。可是，有时候你很想听听对方的心声，并且抱着准备接受了一切的心理，对方却三缄其口，这时候，不要犹豫，以对方身上的一切为话题，如手表、项链、领带等可表现出对方的个性和喜好，以这种对方关心的物品为话题，对方自然而然便会开口了。

吸引精打细算型客户

销售界流传着这样一句话：客户要的不是便宜，而是要感到占了便宜。客户有了占便宜的感觉，就容易接受你的产品。

客户喜欢“占便宜”的心理给了商家可乘之机。一些女士在买衣服的时候，常常用不降价就不买来“威胁”商家，于是商家最终妥协了，告诉女士“就要下班了，我不赚钱卖给你了”“我这是清仓的价钱给你的，你可不要和朋友说是这个价钱买的”“今天你是第一单，算是我图个吉利”，于是这位女士自以为独享这种低价的优惠满意而归。此种情况并不少见，精明的商家总能找借口卖出东西并让客户觉得占了便宜。由此可以看出，大多数客户不喜欢对产品的真实价钱仔细研究，而是想买些更便宜的物品。

销售员怎么做才能让客户觉得占了便宜呢？你可以去看看商场中最畅销的产品，它们通常不是知名度最高的名牌，也不是价格最低的商品，而是那些促销周周变、天天有的商品。促销的本质就是让客户有一种占便宜的感觉。一旦某种以前很贵的商品开始促销，人们就觉得现在买了很实惠。虽然每个客户都有占便宜的心理，但是又都有无功不受禄的心理，所以精明的销售员总是能利用人们的这两种心理，在未做生意或者生意刚刚开始的时候拉拢一下客户，送客户一些精致的礼物或请客户吃顿饭，以此来提高双方合作的可能性。

贪图便宜是人们常见的一种心理倾向，我们在日常生活中经常会遇到这样的现象。例如，某某超市打折了，某某厂家促销了，某某商店甩卖了，人们只要一听到这样的消息，就会争先恐后地向这些地方聚集，希望买到便宜的东西。物美价廉永远是大多数客户追求的目标，很少听见有人说“我就是喜欢花几倍的钱买同样的东西”，人们总是希望用最少的钱买最好的东西。这就是人们占便宜心理的一种生动的表现。

占便宜也是一种心理满足。客户会因为用比以往便宜很多的价钱购买到同样的产品而感到开心和愉快。销售员其实最应该懂得客户的这一心理，用价格上的差异来吸引客户。

很久以前，卖衣服和布匹的店铺里有一件珍贵的貂皮大衣，因为价格太高，一直卖不出去。后来店里来了一个新伙计，他说能够在一天之内把这件貂皮大衣卖出去，掌柜不信，因为衣服在店里挂了一两个月，人们只是问问价钱就摇摇头走了，怎么可能在一天时间里卖出去呢？但是伙计要求掌柜配合他的安排，他要求，不管谁问这件貂皮大衣的价格，一定要说是500两银子，其实原价只有300两银子。

商量好以后，伙计在前面打点，掌柜的在后堂算账，一上午基本没有什么人来。下午的时候进来一位妇人，在店里转了一圈后，看上了那件貂皮大衣，她问伙计："这衣服多少钱啊？"伙计假装没有听见，只顾忙自己的，妇人加大嗓门又问了一遍，伙计才反应过来。他对妇人说："不好意思，我是新来的，耳朵有点不好使，这件衣服的价钱我也不知道，我先问一下掌柜的。"说完就冲着后堂大喊："掌柜的，那件貂皮大衣多少钱？"掌柜的回答说："500两！""多少钱？"伙计又问了一遍。"500两！"声音很大。妇人听得真真切切，觉得太贵，不准备买了。而这时伙计憨厚地对妇人说："掌柜的说300两！"

妇人一听顿时欣喜异常，认为肯定是小伙计听错了，自己少花200两银子就能买到这件衣服，于是心花怒放，又害怕掌柜的出来就不卖给她了，于是付过钱以后匆匆地离开了。就这样，伙计很轻松地把滞销了很久的貂皮大衣按照原价卖出去了。

伙计就是利用了妇人占便宜的心理，成功地把衣服卖了出去。销售员在销售自己产品的时候，可以利用客户占便宜的心理，使用价格的悬殊对比来促进销售。其实在很多世界顶尖的销售员的成功法则中，利用价格的悬殊对比来俘获客户的心是常用的一种方法。

优惠是推动销售最有效的方法之一，优惠政策就是你抓住客户心理的一种销售方式。大多数客户都只看你给出的优惠是多少，然后和你的竞争对手做比较，如果你没有让客户觉得得到优惠，客户可能就会离你而去。所以你不仅要注重商品的质量，还要注意满足客户这种想要优惠的心理需求。但是，优惠不过是一种手段，说到底是用一些小利益换来大客户，你还是有赚头的，不然商场里也不可能经常有"买就送""大酬宾"等活动。当然，在优惠的同时，你还要传达给客户一种信息：优惠并不是天天有，你很走运。这样，客户的心里才会更满足，他们才会更愿意与你合作。

说服挑剔型客户

根据成功销售员的经验，只有那些对产品有异议的客户才真正考虑过购买，如果客户并不打算购买，他一般不会对你的产品评头论足，因为这可以减少不必要的麻烦。所以说，挑剔是客户购买产品的前提。

作为销售员，在遇到那些比较挑剔的客户时，一定要保持足够的耐心，洞悉客户挑剔背后的其他因素。绝对不能厌烦客户，更不能埋怨、指责客户的挑剔。

一位客户来到一家高级箱包专卖店，经过销售员的热情引导，看中了一款皮包。

客户："这都是正品货吗？能保证质量吗？"

销售员："我们是全球连锁企业，每一家店都非常讲究信誉，只要在我们的正规分店购买，就一定是真货。"

客户："这款包打理起来会不会很费时间和精力？"

销售员："不会的，虽然它是纯皮质地，但是由于经过特殊处理，您只要用潮湿的棉布擦拭就可以了，打理起来非常方便。"

客户："可这种颜色的皮包配这个颜色的拉链，看起来很突兀，你不觉得吗？"

销售员："乍一看的确是有一点，不过这两种颜色其实是色彩中的黄金搭档，搭配起来很活泼，视觉上会给人眼前一亮的感觉，非常引人注意，您觉得呢？"

客户："这款皮包是不是有点大，背起来会不会让人觉得特别累赘啊？"

销售员："这款包是有一些大，但是这种休闲的款式却恰恰弥补了这一点，您背起来不仅不会感觉累赘，反而会显示出休闲、舒适、简约的风格，让人感觉很轻松，这与您本身的气质不谋而合。"

客户："包上的装饰花能不能换一个，怎么这么不搭配？如果是黄色一定会非常合适。"

销售员："您是我见过的最有品味的客户之一，我们的设计师也提出过和您一样的配色方案。"最终，百般挑剔的客户买走了这款皮包。

一位著名的销售大师曾说过这样的话："客户拒绝并不可怕，可怕的是客户不对你和你的产品发表任何意见，只是把你晾在一边。所以我一向欢迎潜在客户对我的频频刁难。只要他们开口说话，我就会想办法找到成交的机会。"客户对产品挑剔，就说明客户希望产品是他理想中的样子，也可能产品基本上满足了他的要求，只是存在某方面的不足。尤其是那些对产品不是非常满意，但又不急于离开的客户，他们的购买概率会很大。此时销售员要判断客户挑剔的真正原因，并及时采取营救手段，把客户的挑剔扼杀在萌芽期，引导客户迅速转入产品成交准备阶段。

说服希望通过挑剔达到降价目的的客户，销售员不要为了迎合客户而立刻降价，这样会让客户以为产品确实存在问题。针对这种情况，销售员不妨转移话题，把客户的注意力转移到产品的价值上来，等客户认同了产品，就不会再要求降价了。如果客户对价格还是存在异议，仍旧挑剔，销售员可以适当为客户争取一些优惠条件，用利益吸引客户，促进与客户的成交。客户之所以会提出异议，是因为他想以此为借口，达到自己的真正目的——

降低产品价格。客户对产品爱不释手，那说明客户对产品本身十分满意没异议，并且有购买意向。

抓住沉默型客户

在销售的道路上，有时候会遇到沉默的客户。有些客户性格内向，不喜欢参加轻松或正式的讨论。或者他们是在思考你说的内容，努力消化，决定怎么做。他们的沉默足以将销售员击溃。

如果销售员是个新手，在一个沉默不语的客户面前可能会束手无策。他们可能会问：“那么你们想做什么呢？”这样的话一说出来，销售员就会落入为客户做出让步的陷阱之中。相反，一个经验丰富的销售员会让自己安静下来，自信地微笑着。他说：“我想你不妨安静地坐在这里，想想我们的产品和服务的众多优点。我知道你坐得越久，对这些优点考虑得越多，你就越想成为我们的客户。”使用这样强有力的说服技巧，你其实是告诉客户，他越是抵抗，越有可能购买你的产品。许多客户听了这样的话，思考之后，都不再沉默了。

午后卖场里进来一位先生。大约30多岁，戴副眼镜，看上去蛮有学问的样子。他经过其他品牌的专柜时，一言不发，只是认真地听取销售员介绍产品。这样的人会让销售员在心里不断揣测：他到底是来随意看看，还是真的想买东西。销售员说着说着，眼见这位客户没有什么反应，很快表现出放弃的态度，声音越说越小，介绍也不那么细致了。另一位销售员看在眼里，心想这位客户肯定是对冰箱有一定的了解，做足了功课。

当客户走到这位销售员的柜台时，他放开嗓门热情地接待了这位客户。可是客户还是不说话，和在其他柜台时一样，只在一旁静静地听销售员介绍，从产品设计、技术创新、特色功能、售后服务再到品牌文化。客户上下打量了好几款产品，顺着客户的目光，销售员对每款产品加以说明。销售员心想，即使客户不说话，也要竭尽全力让他对自己的产品留下深刻的印象。一番介绍后，客户又走向邻近的几个柜台。销售员望着他，只见他依旧沉默，只是到处看看，而其他品牌的销售员都对他爱搭不理的。销售员暗自判定，这位客户肯定是真心诚意买东西的，不然不会来回在卖场走动。等他再来到我的柜台，一定用应付沉默型客户的技巧努力将其拿下。

最后，客户转悠一圈后又回来了。销售员迎上前去，准备再主动出击。谁知没等他开口，客户先说话了。他没多说什么，只是简单道出自己的想法和需求。为进一步了解客户的想法，销售员把之前客户仔细看过的几款产品又介绍了一遍。客户对销售员的细致很满意，流露出愉快的表情，频频点头。几经比较，这位沉默型客户最后把目标锁定在一款高端产品。客户说："我看了好几个牌子，就只有你够热情，对产品的介绍也非常详尽。不过，我想再和家人商量下。谢谢你了！"听到这句话销售员有些失落。不过，在促销这个行里，这些事情时有发生，习惯成自然嘛！但销售员坚信这位客户一定会购买这款产品。于是递给客户一张产品宣传单，并在上面留了自己的电话。客户临走前，销售员面带微笑地说："先生，宣传单上有我的电话，要是回家想好了，打个电话来，可以送货上门再付款。"

隔天早晨，熟睡中的销售员接到了一位先生的电话。原来这位先生就是那位金口难开的客户。电话里他说近来工作比较忙，没空到商场付款了，希望能把上次推介给他的那台冰箱送到他家里，他的家人可以接货并付款。

接下来的两个月，销售员又两次电话回访客户。接通电话，客户一下子就听出了销售员的声音，连销售员的名字都记得清清楚楚，两次回访下来，客户对产品的各方面都很满意，客户的话也多了。让他更加欣喜的是，这位客户还给介绍了他的两位亲戚朋友，最后也都顺利成交。

还有一个策略是告诉客户："我喜欢像您这样文静、富有思想的客户。我发现，像您这样的客户最终都成为了我的最佳客户，购买量也最多。"这种策略看似极其温柔，但实际上却相当有效。因为你实际上认同了客户的陋习，说明你对他的这一特性丝毫不感到奇怪和畏惧。

另一个有助于沉默型客户打开话匣的策略是，询问一些不能仅仅用"是"或"不是"进行回答的问题。例如，使用"您对这种产品满意吗？"这类问题，你几乎无法获得任何有价值的信息。然而，通过询问"对于您目前正在使用的产品，您最满意的有哪些？"之类的开放式问题，你能打开极富成效的对话之门。在此类客户表露出他的购买标准之后，向他们展示你的产品，他们将从你所提供的产品和服务中获得更多的利益。

相信大多数销售员都有类似的经历，客户沉默寡言，你会心里感觉别扭，又难以准确把握。此类客户可能对产品事先有一定的了解和喜好，另一方面由于性格比较内向，多采取寡言观察的方法来选产品、挑服务。对于此类客户，一忌急于求成，喋喋不休；二忌没有耐性，冷淡对待。

综上所述，当面对沉默型客户时，销售员并不需要哑口无言，应当表现得极其耐心。和客户进行交谈时，通过使用上述强有力的策略，销售员所说的每个字词都变得极具分量。

说服自以为是型客户

销售过程中，销售员会遇到不同类型的客户，其中有专门爱跟别人斗嘴或瞎扯的自以为是型客户。这种客户不论什么事，总爱批评几句，如果事情合他的口味，他会怡然自得。如果销售人员不合他的胃口，他就会讨厌销售人员。这种顾客还有个特征，总是对权威人士所说的话不屑，而且还会用诡辩式的三段论法，使销售人员无法接近他。

自以为是型的客户说实在挺叫人讨厌的。他们喜欢自夸，把别人都放在脚底下践踏。他们总觉得高人一等，一副自视甚高的样子，好像别人都比不上他。这样的客户叫人难以忍受。不过，既然身为销售员，就不能忘记每一个客户都很可爱的销售守则，还是暂时收起主观的好恶之心，诚心诚意地敲开这个自以为是者的心门吧！自以为是型的客户看似高不可攀，很难使他服服帖帖地信服你，因为他们总有一套独特的看法，并且还引以为傲，但其实这类型的客户还是有他的弱点。

销售员对待这种自以为是的客户，必须让他三分，避免直接的争论与冲突，因为销售人员的最终目的是要将自己的产品成功推销给客户，并非争论输赢。

“刚才这个人真是，明明自己老土什么都不懂，还非要充行家，老是说这也不好，那也不行，气得我跟他大辩一通。结果呢，他连一句话也说不出来啦！”这位销售员当时一定是很痛快，因为他制服了一个自以为是的客户，可是从销售任务和责任角度来看，他有可能永远失掉了一个客户，显然不能算是称职的销售人员。

如果改换一种说法。

“是的，您说的话的确很有道理，这可不是我所能赶得上的（适时给对方戴上高帽），但是这种产品是我们公司的新发明。也许您知道某大学电子工程系的吴教授吧，他是这方面的权威人士，他对我们的产品研究试验后，称赞这项发明确实非常好。”

“有您这么一位关心教育的妈妈，您的小孩真是前世修来的福气。您刚才所说的话真让我佩服得五体投地。请您再看看这个，这个产品曾被某大学的李教授推荐过，她认为在开发儿童智力方面的效果很好，最适合儿童教育。美国也曾有人评价说，这是一部按部就班的学习机器，有了它就不用临时抱佛脚了。”

理论上，销售员能够提出权威证明，对方也比较能接受。就算知道顾客是在诡辩，也不能指责或点破，可以一方面表示说不过他，另一方面最好是设法改变话题，从其他方面再跟他谈下去。

自以为是型的客户就是表面看起来很懂，实际上并不懂。也就是在说话时，对不懂的事装作很懂的样子。这种类型的客户跟其他客户不一样，有时候也很好对付，但是没有经验的销售人员往往会使客户下不了台。这种客户的自尊心特别强，优越感和自我表现的欲望也很强。如果销售人员当面指责客户的错误，当然是不易被其接受。这类人喜欢被人捧，你就把他捧上天吧！只要他高兴，觉得你真的认同他的社会地位和他人格上某种别人无法超越的崇高，他便肯悄悄屈身下来照顾你的需要。自以为是型的人最好还是多尊称他的头衔。而且，试着找出他最高的那顶帽子，用他最在乎、最得意、最津津乐道的职务去称呼他。马屁要拍对地方才有更大的效果。试着附和他言谈中透露出的理论。

销售员："您的见解实在高明，绝不是一般人能赶得上的。"

客户："我在大学时代也很用功，你看这间会客室，是我自己设计的，还可以吧？"

销售员："我总觉得自己不学无术，挺不好意思！您刚才不是说过，红色是代表兴奋的色彩，绿色是镇静的色彩，可是您书房的颜色，怎么都是红的。"

客户："这是装潢公司弄错了，那时我不在家。"

销售员："是嘛！我想您自己绝不会弄错的，如果这间书房以绿色为主的话，当然，你也知道该如何调配色彩的浓度、明度和如何补色，配什么样的地毯。"

要像这样略微提到错误和矛盾，用教导的方式和他交谈，对方也较容易接受，而且在交谈中，销售人员能用心去了解对方的理解程度，谈起来也比较容易。

要想知道客户究竟懂多少，可以用一小部分专业问题来问他，例如说："电线回路不好，到底是什么原因啊？""为什么扬声器越多发出的声音越好？"如果对方能够很流利地回答这些问题，当然显示他懂得不少，销售人员可以照他懂的程度来应付。相反，如果他们的回答是："嗯！这个嘛！意思就是……就是，总而言之，它的性能很不错。"像这种答案，无论是谁听起来，都知道对方的知识有限，但是销售人员却不可以马上露骨地表示出来，必须帮他答下去："也许您知道吧！就是……"

另外，销售员也可以先称赞一下客户的了解程度，然后再向他说明，这也是说服自以为是型客户的方法。千万别和他起冲突，要知道，和自以为是型客户辩论是于事无补的。唯有让他觉得你真心推崇他，他的自尊心得到满足，才是你商品生机的开始，成交的可能性也就相对提高了。只有交易成功，才是真正的目的所在。能征服这种自以为是型的客户，何尝不是销售生涯中的一大乐事呢?

说服不同性别的客户

有经验的销售员都明白，男性和女性的消费心理差异很大，必须在了解两者心理特征的基础上，对他们使用不同方式的说服。作为一名推销员，要想成功地说服对方买你的产品，就要注意一个很重要的说服技巧。

一般来说,第一,男性客户的消费特点是比较自信、决策迅速。男性善于控制自己的情绪，处理问题时能够冷静地权衡各种利弊，从大局着想。具有较强的独立性和自尊心的特点直接影响了他们在购买过程中的心理。因此，他们的动机能立即导致购买行为，即使是处在比较复杂的情况下，也能够果断处理，迅速做出决策。

第二，男性客户动机不强，时常被动行事。普遍来说，男性客户的购买活动远远不如女性频繁，购买动机也不如女性强烈，比较被动。在许多情况下，购买动机的形成往往是由于外界因素的影响，如家人的嘱咐，同事、朋友的委托，工作的需要等，动机的主动性、灵活性都比较差。

第三，男性客户的理智多于感情。他们在购买过程中的心境变化不如女性强烈，不喜欢联想、幻想，感情色彩比较单薄，所以，当动机形成后，稳定性较好，其购买行为也比较有规律。男性客户在购买某些商品上与女性的明显区别就在于决策过程不易受感情支配。另外，男性客户认为男性的特征是粗犷有力，因此，推销人员在面对男性客户时，要抓住他们对具有明显男性特征的商品感兴趣的心理特征，选择如烟、酒、个人饰品等男性标志商品进行介绍，以便顺利打开局面，与他们成为朋友，为日后的产品推广奠定基础。

第四，男性客户看重简单、实用。他们多注重商品的质量和实用性。男性客户购买商品多为理性购买，以能否满足自己的需要为主，不太看重产品的外形是否花哨，追求简单明快的风格。注重商品的使用效果及整体质量，而不太关注产品细节。

第五，男性客户注重产品档次。他们多具有强烈的自尊心和好胜心，购物时十分注重产品的档次和品位，而不关心价格问题。男性客户本身所具有的攻击性和成就欲较强，所以男性客户购物时喜欢选购高档气派的产品，而且不愿讨价还价，忌讳别人说自己小气或所购的产品“不上档次”。

总而言之，男性客户多具备理智型购物心理。理智型购物心理是指以理智指导购买行为的购物心理。具有这种购物心理的客户大都是经过一番认真思考之后，产生了某种物品的购买欲望和购买行动。当然，也有为数不少的男性客户具有盲目型消费特征。盲目型购物心理是一种没有明确购买目标而且盲从随意的购物心理。这种心理在个性冲动、好奇、模糊的客户中容易出现。从经济条件来说，那些生活较为富裕的客户也容易出现这种心理。

男性客户需求的盲目性是因为有些消费需求不是自己生活的实际需要，而是由外界的影响造成的，因此这种需求带有一定的盲目性。有这种心理的客户多数是那些经济富裕，实际需求已经满足，而又好奇、冲动、讲究时尚的人。

而女性客户的消费特点是具有较强的主动性、灵活性。女性较多地进行购买活动的原因是多方面的。有的是迫于客观需要，如操持家务，有的则是为满足自己需要，有的则把购物作为一种乐趣或消遣，所以购买动机具有较强的主动性、灵活性。动机的灵活性也时常体现在购买具体商品上，如原打算购买某种商品，但商店无货，这时男客户往往放弃购买，而女客户会寻找其他适合的替代品，完成购买活动。

女性心理特征之一是感情丰富、细腻，情绪化，富于幻想、联想，因此购买动机带有强烈的感情色彩。如看到某种产品能够使儿童聪明活泼，马上会联想到自己孩子要是这样会是多么可爱，从而引起积极的心理活动，产生喜欢、偏爱等感情，引发购买动机。

她们的购买动机易受外界因素影响，波动性较大。女性购买动机波动较大是因为女性心理活动易受各种外界因素的影响，如商品广告宣传、购买现场的状况、营业员的服务、其他消费者的意见等。例如，许多商店为了招揽客户，用耀眼大字标明“减价商品”“促销商品”“出口转内销”等，这些往往对女性具有特别大的吸引力。

可见，男性与女性在购买心理和购买行为上存在着极大的差异，所以应该对不同性别的客户采取不同的推销策略，展现不同的推销口才，这样才能提高销售工作的针对性与成功率，千万不要小瞧这种细微的差别。

不给犹豫型客户机会

一般来说，如果一个人不管做什么事总是前怕狼后怕虎，总拿不定主意，是意志薄弱的表现。在销售工作中，我们常常能遇到这样犹豫不决的客户，套用一位优秀销售员的话，“买还是走人，对于他们来说这是个问题”。销售员在这种情况下，不能傻等着客户做决定，因为你不知道下一秒客户又会有什么新花样，他们很可能因为权衡不出答案而就此放弃购买。所以销售员此时应该主动出击、趁热打铁，引导犹豫不决的客户做出购买决定。

一位销售员接待这名客户已经有3次了，其实，看得出他打心眼里喜欢这套房子，但是横挑鼻子竖挑眼，闹得销售员也没了主张。“作为一个男人，比女人还娘们儿。”销售员向主管汇报时感慨。作为重点公关对象，销售主管查阅了这名客户的资料，发现对方是一个普通得不能再普通的科员。销售主管听销售员说，第一次来的时候是两口子一起，估计小孩子也就七八岁的样子，男的戴着眼镜很有学者气质，但说话始终没有男人的自信，倒是他老婆粗声高调，膀大腰圆。销售主管对销售员这样解释：这是一个典型的阴盛阳衰结构的家庭，两口子总有一方是“弱者”，但这个家庭的弱者是大老爷们儿。第一，他做不了主，他老婆是幕后的主宰者；第二，他们非常喜欢这套房子，否则不会如此频繁地来；第三，问题的焦点不是挑剔什么，而是希望价格能再低一些。问题都分析出来了，销售主管说会会他。

第二天，销售员电话约他来谈谈，他很干脆地答应了，并提前来了。一开始，他表示非常看中这套房子，但是价格上他和旁边的一个楼盘作起了比较，也就引申出诸多这个不足那个不好的缺陷乃至不是缺陷的缺陷。

销售主管明白了他的心里所想，单刀直入：你很了解这个区域，你所说的旁边楼盘的情况也非常对，从价格上说，他们楼盘比我们的确便宜500元，你完全可以在那里选购住房，我们并没有逼着你必须买这里的房子。如果你需要，我还可以给你介绍其他更便宜的楼盘，还能打折，这都是我的朋友。但是话又说回来，我必须要说的是，你到这里咨询今天已经是第4趟，你来这么多次肯定有你的道理，我不方便问；其次，我的楼盘不愁卖，每天多卖一套少卖一套无所谓，卖快了我担心后期无房可售，涨不了价；第三，你选中的这套因为你没有交钱我们已经订出去了，并且收了2000元封房金。你如果真的需要在这里选房，你可以另考虑其他户型的。最后要告诉你，这期的活动已经在昨天截止了，今天开始执行新的价格，每平方米上涨200元。他一听火了，大吼说销售主管是奸商、没有诚信。

销售主管简单地解释了几句，便告诉他“你最好跟家人再商量一下，价格还是要涨的，如果你有心想成交的话，还可以找我再商量”，说完之后，销售主管推脱有事情，回到了办公室不再理他。的确，销售主管也能想象得到，他走的时候情绪很激动。他走后10分钟，销售主管找到销售人员，直接告诉她准备合同，他肯定还来。第二天上午，他和老婆一起直接找销售主管，所提的条件很简单：一、继续要那套已经看好的房子。二、维持原价格。

销售主管的回答是：一、你们选中的那套房你们没有交款，有人交了2000封房费。如果你们今天真有诚意购买，只有交齐首付款25万，我才能退别人的2000封房费；二、价格可以商量，但是不可能执行原先价格，每平方只能给你们再优惠10元，这是最大的照顾了。男的始终没有说话，都是女的在讨价还价。最后，以每平方比原先增加50元的价格出售给他。

面对犹豫不决的客户，销售员首先要弄清这个客户是否有购买的决策权，如果对方并非决策人，销售员就要弄清谁能起决定作用，然后再与有购买决策权的人进行沟通。如果对方拥有决策权，那么销售员就要搞清楚导致他拿不定主意的真正原因是什么，在了解清楚之后，对症下药地采取解决办法。

大多数犹豫不决的客户的具体表现为：对销售员所推荐的产品基本满意，似乎也有点心动，但是要决定购买时却犹豫不决，可能多次对产品的质量、款式、价格等做比较、挑毛病。他们总是瞻前顾后、举棋不定。心理学上对这种现象的解释是客户存在某种认知障碍。对产品缺乏必要的知识和经验，所谓“吃不透、摸不准”，从而拿不定主意。俗话说：“一朝被蛇咬，十年怕井绳。”客户曾经上过当、受过骗，一旦遇到同类产品，便会产生消极的条件反射。

一般来说，犹豫不决的客户大多稳重、小心谨慎。这类客户在看产品时，要对产品的性能、质量、型号和售后服务等各个方面都满意了才会下定决心，是标准的理智型购买。销售员可以通过观察客户的言谈举止等，对客户犹豫不决的原因做一个大致的揣测，也可以直接询问客户，让其自己说出犹豫的原因。如果客户愿意说出原因，就说明他们确实需要销售员的帮助，这时采取恰当的引导措施必定能使交易顺利完成。

许多客户即使做出了购买决定，也不当场表态，喜欢给自己留一个“犹豫期”。在这个“犹豫期”内，不是东挑西拣，一会儿对颜色、规格感到不满意，就是一会儿对价格、交货日期有些不放心。转来转去的结果是，本来已经决定了的事情反而产生了怀疑，由此“黄”掉的生意也不在少数。聪明的销售人员看出这种苗头后，这时候重要的不是促使他赶快决策（否则反而会坏事，加重对方怀疑），而是帮助他作出决策。例如，帮对方一起进行挑选，比较颜色、规格、价格等。一旦这些问题解决了，销售也就水到渠成了。

人的普遍心理是越是得不到的东西就越珍贵，越想拥有，越想早些购买。所以，销售人员可以利用这种心理来吊足客户胃口，让他感到“过了这个村就没有这个店”了。例如，客户想购买某个大件商品，销售人员就可以故弄玄虚地说：“这个商品就只有最后一个了，短时间内恐怕不能到货。如果你需要，最好能早些定下来。”或者可以提醒客户，我们的优惠促销到X日结束，过了这个时间，价格就要回到 ××× 元，请你自己打定主意。”嘴上说请客户打定主意，实际上是促使他拿主意。

对于犹犹豫豫做不了决定的客户，销售员首先需要有足够的耐心，千万不要逼迫客户马上做出决定。可通过自己的真诚和良好的服务去赢得对方的信任。销售员一定要保持真诚的态度，让客户感受到你的称赞和认同。切不可为了尽快成交而忽略谈话的语气和态度,否则不仅不能帮助客户消除犹豫心理,还可能使客户更快地离开。销售员热情的服务会感动客户，为你在客户犹豫的天平上增加取胜的砝码。

在了解了客户的情况之后，销售员可以试着帮助客户做出决定。因为对于犹豫不决的客户，销售员一味地尊重其选择，只会助长他们的疑虑。我们不妨制造销售的紧张气氛，增加客户对产品需求的紧迫性，比如，导购员可以提醒客户产品数量有限，即将断货，或是产品促销即将结束，就快要恢复原价等，给客户制造紧迫感。然后再根据客户的实际情况和要求快速制订出具体方案，摆在客户面前，引导客户选择，这样就能有效地制约客户的犹豫心理，令其果断地做出决定。

犹豫不决的客户可能之前轻信了某些销售员的“花言巧语”而买到过劣质产品，所以常常对销售员存有戒备心理。每个客户在购买某种产品时，都希望无论是产品还是服务最好能够十全十美，这样，钱才算花得值得，才算有意义。

第七章

对于客户的诉说，要认真倾听

客户在说话时，不要随便打断客户的话，也不要随便反驳客户的观点，一定要弄清楚客户的意图后再发言。你只要认真地听他把话说完，并不时地表示理解，最终会赢得客户的好感，再谈产品的订单时就容易多了。

有效倾听，远胜于夸夸其谈

成功学大师戴尔·卡耐基曾经说过这样的话：善于倾听客户说话的销售员，成功率远胜于你自己夸夸其谈。假如销售员对客户的话感兴趣，并且有迫切想听下去的愿望，那么订单通常会不请自到。

一次，卡耐基参加了一个纽约出版商组织的宴会。在宴会上，卡耐基碰到了一位很著名的自然科学家。以前，他从未和这类科学家谈过话，但是谈话之后，卡耐基觉得科学家所说的话颇有吸引力。他说了关于布置室内花园、马铃薯等卡耐基之前从未听过的、令人难以置信的知识。当卡耐基提到有个室内花园时，他马上告诉卡耐基应该怎样解决室内花园经常遇到的一些问题。

卡耐基在这次宴会上因为一直在倾听这位自然科学家的话，忽略了其他的客人。难以置信的是，他们一直谈了几个小时。宴会结束时，那位科学家语气坚定地对主人说："卡耐基先生真是一位出色的演说家，他是我见过的最有魅力的一位。"

其实，卡耐基那个晚上自始至终都没有说几句话，大部分时间在听科学家说话。所以他对主人说的那番话让卡耐基百思不得其解。最后卡耐基得出一个结论：倾听是适合任何人的、最好的恭维和尊重。

许多销售员都非常健谈，他们说起理来口齿伶俐，滔滔不绝，似乎都是难得的演说人才。但另一方面，仍有一部分销售员不善于倾听，或者还没有认识到倾听的重要性。作为一名销售员，不仅要口齿伶俐，能言善辩，而且要善于倾听客户的谈话。

如果销售员善于倾听客户的谈话，能给客户留下良好的印象，与客户保持良好的关系。在倾听客户谈话时，销售员眼睛看着客户，轻轻点头示意，或者用“好、对、嗯、啊”等告诉客户，你在认真注意听他说话。在这种情况下，客户对销售员的印象是非常好的，双方实现有效沟通的机会也多一些。当销售员真正能够倾听客户谈话，首先，客户会感到很受重视，他会因为你倾听了他的谈话而感激你，连对你销售产品的抱怨也会因此而减少。其次，客户此时比较易于接受改变和更新，这对于销售工作是非常有利的，是沟通的大好时机。

享有“世界第一保险销售员”美誉的哈默里是做保险生意获得成功的第一人。他成功的秘诀就是真诚地倾听客户的谈话。一般情况下，他同客户谈话的时候，往往主要是做一个善于倾听的人。而当客户沉默寡言的时候，他就会想办法提出各种各样的问题，鼓励客户说话。哈默里就是用这样的方法，使自己在一年之内做成了几千万美元的保险业务。

摄影记者伊斯阿克·麦克逊采访过世界各地的许多名人，他成功的方法也是善于倾听。他说：“人们之所以不能给别人留下很好的印象，就是因为不善于倾听。我们只关心自己要说些什么，而从来不会等客户把话说完。许多名人都告诉我，他们喜欢的是那些善于倾听别人说话的人。倾听别人谈话的习惯跟优秀的品格一样重要。”

客户与你之间的摩擦与误解，会因为你善于倾听而降低，甚至消除。例如，有的客户一看见销售员，就抱怨销售员所在企业的服务如何的差，客户还可能列举出许多事实。对待这种客户，你不要认为客户是存心刁难，或者他将与你的企业断绝来往，事实上他仅仅是抱怨而已。销售员认真地倾听客户的谈话，适时地、恰当地加以解释。只要你以真诚的态度对待客户，认真倾听他的谈话，等他说完以后，他的抱怨会有很大程度的改善。客户也许会说："其实，你们的产品效果还是蛮有效的，我很喜欢你们的产品。"

销售员在倾听客户谈话时，应努力去听、去了解客户。要让客户把话说完，不要打断客户的谈话。要善于体会客户的感觉，设身处地替客户想一想。不要忙着下结论，要完全弄懂客户谈话的全部意思。接受和关心客户，认真帮助他寻找解决问题的途径。不要做无关的事情，或流露出不耐烦的表情。不必介意客户谈话的语言和动作特点，应将注意力放在谈话的内容上。要注意不断将信息反映给客户，以检验自己的理解是否正确，并引导客户的谈话内容。倾听客户谈话时，要能控制自己的感情。不要总想占主导地位，一个总想表现自己的销售员是不会很好地聆听客户说话的。

善于倾听客户内心的声音

的确，只要一有谈话的机会，一般人都不太爱听别人谈话，而是喜欢别人听自己说话。还有一种现象是，大多数人喜欢谈和自己有关的事，而不是和客户有关的事情。然而，如果你想成为一名受欢迎的销售员，建议你在和别人，尤其是和客户谈话时，还是应该把好的机会留给客户，让他说，说他关心的事，你只要做个好的听众就够了。

大多数人在与别人沟通时，通常都是自己在说话，说的也是自己想说的话。而大多数销售员在销售产品时，70%的时间是自己在说话，客户只有30%的说话时间。因此这样的销售员总是业绩平平。而那些顶尖的销售员总结出了一条规律：如果你想成为优秀的销售员，就要将听和说的比例调整为2∶1。也就是大多数时间让客户说，你倾听，一小部分时间自己用来发问、赞美和鼓励客户说。这样你才能倾听到客户内心的声音，成为优秀的销售员。其实，几乎所有的优秀销售员都在证明：倾听、倾听、倾听！

倾听可以让你的销售工作变得轻松，最重要的是，能让你的订单来得更多更快，倾听也会让你的客户更信任你。倾听是一种销售手段，更是一种个人的涵养。世界上的难事之一便是闭上嘴巴，假如你不张开耳朵，不适时地闭上嘴巴，你就会失去无数机会。尤其在销售时要切记：千万不要太忙于说话，要学会倾听。

迪奥是美国自然食品公司的销售冠军。这天，他像往常一样将芦荟精的功能、效用告诉客户，但女主人并没有表示出多大的兴趣。迪奥立刻闭上嘴巴，开动脑筋，并细心观察。突然，他看到主人家的阳台上摆着一盆美丽的盆栽，便说："好漂亮的盆栽啊！平常真的很难见到。""没错，这是一种很罕见的品种，叫嘉德里亚，属于兰花的一种。""它真的很美，美在那种优雅的风情。"女主人听到他对自己盆栽的赞美，来了兴致。"这个宝贝很昂贵的，一盆就要花800美金。""什么？800美金？我的天哪！每天是不是都要给它浇水呢？""是的。每天都要很细心地养育它……"于是，女主人开始向迪奥倾囊相授与兰花有关的学问，而他也聚精会神地听着。

最后，这位女主人一边打开钱包，一边说："就算我的先生也不会听我唠唠叨叨说这么多，而你却愿意听我说了这么久，甚至还能够理解我的这番话，真的太谢谢你了。希望改天你再来听我谈兰花，好吗？"随后，她爽快地从迪奥手中接过了芦荟精。

作为一名优秀的销售员，你必须能够了解客户的想法和感觉，知道客户想要什么。如果你销售的是房子，当一位客户提到他的孩子在私立学校就读时，你就应该明白，他不太注重周边学校的房子质量；当客户说他们不属于那种喜欢户外活动的人时，你就要让他们看一些占地较小的房屋。客户的购买需要在和你交谈过程中，一定会直接或间接地表现出来。有时候，一个人往往同时受到几种消费心理需要的支配。因此，如果在给客户下订单时，客户出现了一会儿沉默，你千万不要以为自己有义务去说些什么。相反，你要给客户足够的时间去思考和做决定。千万不要自作主张，打断他们的思路，否则，你会后悔得吐血。

保险销售大师原一平曾有这样的销售经历：他去访问一位出租车司机，那位司机坚决认为原一平绝对没有机会去向他销售人寿保险。当时，这位司机肯会见原一平，是因为原一平家里有一台放映机。它可以放彩色有声影片，而这位司机从来没有见过能放映彩色有声影片的放映机。

原一平放了一部介绍人寿保险的影片，并在结尾处提了一个结束性的问题：“它将为你及你的家人带来些什么呢？”放完影片后，大家都静悄悄地坐在原地。3分钟后，那位司机内心经过一番激烈交战，主动问原一平：“现在还能参加这种保险吗？”最后，他签了一份高额的人寿保险契约。

在销售过程中，有的销售员脑子里会有这样一种错误想法，他们以为沉默意味着缺陷。然而，恰当而长时间的沉默不但是允许的，也是非常受客户欢迎的。因为这能给他们一种放松的感觉，不至于因为有人催促而担心做出草率的决定。当客户说“我考虑一下”时，不要急于说服他们，一定要给予他们充足的时间去思考，因为这总好过于“先这样吧，我考虑好了再打电话给你”。别忘了，客户保持沉默时，就是他在为你考虑了。相比较而言，客户承受沉默的压力要比我们承受的还要大得多，因此，让客户多沉默一会儿，倾听客户内心的声音是最明智的做法。

认真聆听客户的每一句话

如果你也想成为一名优秀的销售员，不但要会说，还要会听。学会认真聆听客户的每一句话是一种礼貌，更是表现你对客户的尊重。

美国演员阿丽恩·弗朗茜斯曾主持《我是做什么的？》的电视节目。主持人请来一位观众，向他提出问题，然后从中猜出他的职业。该节目办了25年。刚开始办时，阿丽恩对怎样提出生动有趣的问题不得要领，后来她的丈夫对她说：“看你们的节目，我觉得你不能傻等在那里只想提问，而应细心倾听别人在说什么。最关键是你要学会积极主动地倾听。”阿丽恩接受了丈夫的建议，她说：“这的确是个有效的方法，通过细心品味他们的谈话，我变得精于此道了。此后，耐心倾听成了我职业的主要内容。”阿丽恩认为，倾听的作用决不仅仅是获得信息，还是你与周围的人友好相处的一个途径。

那么，你会认真倾听客户的每一句话吗？倾听不仅仅是站在那里，或是坐在那里。美国著名小说家亨利·詹姆斯回忆说：“艾略特的倾听并不是沉默的，而是活动的。他会直挺挺地坐着，手放在膝上，除了拇指或疾或缓地绕来绕去，没有其他动作。他面对着客户，似乎是用眼睛和耳朵一起听客户说话。他专心地听着，并一边听一边用心地想你所说的话。最后，这个对他说话的人会觉得，他已经说了他要说的话。”

心理学家赫尔巴特认为，我们要学会倾听，首先要明确倾听与单纯的听是不同的。后者仅仅是一种对声音的感知，而倾听则是一种积极主动的行为，它意味着倾听者要参与到与客户的表达之中，一方面要通过自己的态度表明理解客户的心理感受，一方面还应就这种理解表示出与客户的共鸣。

销售员为了表示对客户的尊重和认可，表示正在听，你至少要表现出确实正在倾听的姿态。而你的动作和表情能告诉别人你是否在听。下面是一些倾听的主要表现方法：面对说话者或将身体偏向说话者，稳定的目光接触，表现出平静和耐心的表情，或者感兴趣的表情。点头，表示你能跟得上客户所说的信息。针对客户传达出的愉快信息给予一个真诚的微笑。针对给客户传达出的严肃信息给予一个严肃的表情。当我们需要表现出确实是在听客户说话时，你应该有选择地采取上面的某项或多项动作。

“开展销售活动的时候，有时倾听会比滔滔不绝地说更有效果。如果好好倾听客户的意见，一定能从客户的话语中寻求机会。”这是刘先生的一个销售秘诀。

刘先生非常受客户的欢迎，不论男女，其原因就是因为他善于倾听。相信不管是谁，都会对能认真倾听自己说话的人产生好感的。一般客户在下决心时，都希望有个“商量的对象”，也就是说，他们希望销售员“能好好听我说话”。如果不能好好倾听，就无法为客户提供正确的建议。实际上，刘先生对于客户购买汽车的用途、开车经验、车库的大小、孩子的年龄、喜好的颜色，以及车子的款式和预算等，都会仔细倾听，不论是老爷爷又臭又长的前尘往事、太太们所发的牢骚，甚至小孩们天真无邪的话题都不厌其烦，也难怪刘先生会如此受欢迎了。

有新手请教刘先生：“要如何才能成为善于倾听的销售员呢？”刘先生稍微思考之后回答说：“在销售时，提醒自己多走动、多倾听，直到将其养成一种习惯为止！”的确，就像早晚刷牙一样，本来是一件很麻烦的事，但是若养成习惯，不但不觉得麻烦，反而自己还会主动坚持。又好比慢跑这项运动，如果习惯了，不但不会觉得痛苦，反而是一种乐趣。

用一些口语词汇告诉客户，我正在听你说话，请你继续说。比如：嗯、对、是的、好的、哇、啊哈、我明白了、没错、真的吗、啊、太好了、哦……重复说话者所表达信息的关键词或短语，就是复述。通过这种方式，我们可以得出更多的信息，以获得一个清楚的理解。比如，有人告诉你“昨天的会议真有趣”谁知道他在说什么，作为倾听者，你应该反问道：“有趣的会议？”然后倾听他继续说下去。

对于大多数销售员来说，要想发挥倾听的力量，获得最佳效果，就是认真聆听客户的每一句话。

耐心倾听是最好的恭维

成功与客户面谈的意义是什么？查尔斯·伊利亚特的说法是：“成功的销售面谈，并没有什么神秘，专心注视着对你说话的人是非常重要的。再也没有比这么做更具有恭维效果的了。”不知道你注意过没有，很多爱发牢骚的人，也是最不容易讨好的人，但在一个有耐心、有同情心的倾听者面前，却常常会被软化甚至屈服。一个懂得倾听的销售员，在被别人鸡蛋里挑骨头甚至骂得狗血喷头时，仍会保持沉默。

多年前，纽约电话公司的接线员碰上了一个口吐狂言的凶恶客户。他怒火中烧，威胁说要将电话线连根拔起，并拒绝缴纳任何电话费用。没办法，电话公司派出了最干练的调解员去会见这位惹是生非的客户。见到客户后，调解员并没有和他理论，而是静静地听他说，让那个暴怒的用户将心中的不满全部吐出来，并且在听他说的过程中不断地点头说是的、对，表示理解他的不满。

这位用户从来没见过一个调解员能与他这样谈话，于是也变得友善起来。三次会面，调解员都没有给自己找原因。到了第四次会面，这件事情顺利地解决了，这位难缠的客户将所有的账单都付了。

让客户充分表达自己的想法，这样既是销售员获得客户的第一手信息、正确认识客户的途径，也是销售员向客户表示尊重的最好方式。要倾听客户说话，就要主动参与到他的诉说中，理解客户，与其产生共鸣。那么，怎样的倾听才能理解客户，读懂客户的内心世界呢?

销售员能相应地回忆起自己过去的经历，回想起那时是如何体现自己的特殊感情。这样，你才能理解客户表达的内容中所包含的情感意义。对客户提供的信息保持足够的兴趣和敏感性，但要将自己的反应同客户的反应分开，不要急于给客户的话做判断或下结论，要保持一种洞察力，理解客户要表现的真实自我。

如果销售员在让客户充分倾诉时，能做到这两点，就已经向客户表明了自己是一个真诚专注的倾听者。当然，在整个倾听过程中，还需要掌握一些行为技巧，这些技巧包括各种语言和非语言的神态。

专注的神态表示你接受了客户，即使客户的话语听起来有些老生常谈。就算你做不到听得津津有味，也要尽量保持专注。如果与客户保持的距离过大，或者低头俯视，就会让客户有被疏远或压迫感，客户也难以敞开心扉与你诉说。靠近客户、身体前倾，是鼓舞对方的好方式，表明你正在洗耳恭听。

作为有名的对话大师，古希腊哲学家苏格拉底认为自己是一个助产士，是帮助别人形成自己正确看法的人。销售员通过倾听可以帮助客户形成并完善他的想法，因此，在听别人说话时，不要试图去打断客户或人为地转移话题。即使你想表达某些看法，也应借用客户的话做一些引申，如就像你刚才所谈到的……正如你所说的那样……这样一方面表明你重视并记住了他的话，另一方面，也让客户感到你在就他的话题做一些补充，说明你不仅在听他说话，还在思考他的问题。

适时而恰当地提问，向客户说明自己哪些方面没有听清或听懂，要求客户重复或解释一下，也表明你在认真地倾听他的诉说。在和客户的谈话过程中，会听是很重要的一环，这是博得客户好感的一个秘诀。遗憾的是，不少销售员急于销售商品，把客户说的话都当成耳边风，而且总是迫不及待地在交谈中问问题或打断客户的话，或陈述自己的观点，这些都是不恰当的。欲速则不达，想使交易成功，客户滔滔不绝地说话时是成功到来的有利时机，你应该为此高兴，立刻提起精神来听，并不时兴趣盎然地说："后来呢？"以催促客户继续往下说，要用好像听得出了神的样子去倾听客户的谈话。

销售员："先生，通过观察贵厂的情况，我发现你们自己维修所花的费用比请我们干还要多，是这样吗？"

客户："我也认为我们自己干不太划算，我承认你们的服务不错，但你们毕竟缺乏电子方面的……"

销售员："对不起，请允许我插一句……有一点我想说明一下，任何人都不是天才，修理汽车需要特殊的设备和材料，比如真空泵、钻孔机、曲轴……"

客户："是的，不过，你误解了我的意思，我想说的是……"

销售员："我明白您的意思。就算您的部下绝顶聪明，也不能在没有专用设备的条件下干出高水平的活来……"

客户："但你还没有弄清我的意思，现在我们负责维修的伙计是……"

销售员："现在等一下，先生，只等1分钟，我只说一句话，如果您认为……"

客户："你现在可以走了。"

上述案例中，销售员几次三番打断客户的述说，犯了销售中的一大禁忌。如果采用上述这种对话方式，销售是根本没有成功的希望的。

语言专家的统计结果显示，一个人的说话速度大致在每分钟20～80个字，而人的大脑思维的反应速度却要快得多，所以在销售过程中你往往会遇到这种情况，很可能客户还没有将话说完，或者客户只是说出了其中的几句话，而你就已知道了他的全部意思。那么这时，由于已经了解了客户的意图，因此思想也就随之放松了，这种细微的心理变化在你的外表上又往往会表现为一些心不在焉的下意识动作和神情，以至于对客户接下来的言语"充耳不闻"。

而当客户突然问你一些问题和请教你的见解时，如果你一愣神，或者答非所问，客户就会感到十分难堪和不快，觉得自己是在“对牛弹琴”，从而对接下来双方的沟通工作产生不利的影响。

对于喜欢倾诉的客户，销售员只要洗耳恭听，他就会笑容满面，高兴得不得了。在这种情况下，当客户关住话匣子时，紧接着很可能说：“就这么决定了，我们签协议吧！”即使签不了合约，他也会很高兴地等待着你的下一次来访。一般的交谈内容并非总是包含许多有用的信息。有时，一些普通的话题对你来说可能没有什么实际意义，但是客户的谈兴却很浓。这时，出于对客户的尊重，你应该保持足够的耐心，听客户说下去，切记不要流露出厌烦的神色。

学会聆听，才是真正会做生意

在销售面谈时，销售员千万不要忘记，正在与你谈话的客户只会对他自己、他的需要、他的问题最感兴趣，这要比对你及你的问题重要上百倍。而能否成为优秀的销售员，最关键的还是看其在面谈中的表现。这才真正关系到能否成功，所以在实践中销售员一定要注意以下几个方面的问题。

聚精会神地去聆听。这里所说的聆听，不仅仅是用耳朵去听，也包括要用眼睛去观察客户的表情与动作，用心去为客户的话语做设身处地的考虑，用脑去研究客户话语背后的动机。倾听就是在做到“耳到、眼到、心到、脑到”的前提下，综合地去听。销售员聆听客户的说话要集中注意力，细心聆听客户所说的每个字，注意客户的措辞及表达方式，注意客户的语气、语调、面部表情、眼神动作等，所有这些都能为你提供线索，去发现客户一言一行背后所隐含的内容。

比如在销售沟通中，销售员常常听到客户会有这样的说法："顺便提一下……"客户试图给销售员这样一种印象，似乎他要说的事情是突然想起来的。但是，销售员要明白的是，客户要说的事情恰恰可能是非常重要的，先说这么一句，显得漫不经心，其实不过是故作姿态而已。所以，当你发现一个人常用诸如老实说、说真的、坦率地说、真诚地说等类似的一些词句的时候，往往就是客户既不坦率，也不诚实的时候，这种词句，只不过是一种低劣的掩饰罢了。

几年前，美国最大的汽车制造公司之一正在洽谈订购下一年度所需要的汽车坐垫布。有三个重要的厂家已经做好了坐垫布的样品。这些样布都已经得到了汽车公司高级职员的检验，并发通告给各厂家，他们的代表可以在某一天以同等条件参与竞争，以便公司确定最终的供应商。其中一个厂家的业务代表皮特先生在抵达时，正患有严重的喉炎。"当我参加高级职员会议时，"皮特先生在叙述他的经历时说，"我嗓子哑了，几乎发不出一点儿声音。我被领到一个房间，与纺织工程师、采购经理、销售经理以及该公司的总经理会晤。我站起来想尽力说话，但我只能发出嘶哑的声音。

"他们都围坐在一张桌子边上。所以我在纸上写道：'各位，我的嗓子哑了，我不能说话。''让我替你说吧。'客户总经理说。他真的在替我说话，他展示了我的样品，并称赞了它们的优点。于是，围绕我的样品的优点，他们展开了一场热烈的讨论。由于那位总经理代表我说话，因此在这场讨论中，他一直站在我这一边。而我在整个过程中只是微笑、点头以及做几个简单的手势。

"这个特殊会议的结果是，我得到了这份合同，和客户签订了50万码的坐垫布，总价值为60万美元——这是我曾获得的最大的一份订单。”

放下先入为主的观念。销售员只有放下那些先入为主的观念，才能耐心地倾听客户的说话，才能正确理解客户所传递的信息，从而准确地把握客户话语的核心，才能客观和公正地听取并接受客户的疑惑与不满。

把握好自己的言行。销售员在聆听时，最难也是最关键的技巧就是要约束、控制好自己的言行。通常人们都喜欢听赞扬性的语言，不喜欢听批评、对立性的语言。当听到反对意见时，总会忍不住要马上反驳，似乎只有这样，才能说明自己有理。还有的人过于喜欢表现自己，这都会导致与客户交流时过多地说话，或打断别人的说话。这不仅会影响自己的倾听，也会影响客户的谈兴和对你的印象。所以，销售员在与客户的沟通中，一定不要轻易打断客户的说话，也不要自作聪明地妄加评论。

尽量创造聆听的机会。销售员要想营造一种较为理想的谈话氛围，并鼓励客户谈下去，再谈下去，作为倾听方就需要采取一些策略。首先要善于鼓励。倾听客户的阐述需要做好相应的准备，否则，倾听时心不在焉，会让客户觉得你根本就没听，从而会让客户感到不愉快，也会觉得你缺乏合作的诚意。

其次，要善于表示对客户的理解。试想一下，如果在销售面谈中，你侃侃而谈了半天，而客户却一点儿听懂或弄明白了的表示都没有，那么你还有兴致谈下去吗？所以，不妨设身处地为客户考虑一下。在销售谈判中，当你充当聆听者时，一定要注意以是、对等答话来表示肯定，在客户停顿下来的时候，也可以用简单的话语来指出客户的某些观点与自己一致，或运用自己的经历、经验来说明对说话者的理解。有时，还可以适当复述客户所说过的话，这些表示理解的方式都是对说话者的一种积极呼应。

最后，销售员要善于激励客户说下去。有时候，适当地运用反驳和沉默，也可以激励客户继续谈下去。当然，这里所说的反驳并不是指轻易地打断客户的说话或插话，而是当客户征求你的意见或稍作停顿时，对其进行适度的反驳。另外，根据具体的谈判情况，你也可以保持适当的沉默，因为沉默有时也不等同于承认或忽视，它可以表示你在思考，是重视客户意见的体现，也可能是在暗示客户转变话题。

销售员不要因急于反驳客户而结束倾听。即使是在已经明了客户真实意图的情况下，也要坚持听完客户的阐述，不要急于纠正客户的观点而打断客户的谈话。即便是根本不同意客户的观点，也要耐心地听客户说完，因为听得越多，就越容易发现客户的真正动机和主要的反对意见，从而有针对性地调整自己下一步的销售策略。

聆听要配合积极的回应。销售员要使自己的倾听获得更好的效果，不仅要用心听，还应该有一些反馈性的表示，比如点头、欠身、注视客户，重复客户所说的一些重要句子，或提出几个客户关心的问题。这样一来，客户就会因为销售员如此专心地倾听而更多、更深地说出自己的观点。

设法让客户开口畅谈

一位著名哲学家曾说过："如果我想树立敌人，只要处处压过他、霸占他就行了。但是，如果你想赢得朋友，你就必须让朋友超越你。"换言之，如果你想成为一名优秀的销售员，就要谦虚地对待周围的一切，鼓励客户畅谈他的成就，而不要总是自己喋喋不休。

作为一名销售员，想要有力地说服客户买你的产品，就要注意一个很重要的说服技巧：让客户觉得想法是他自己的，设法让他开口与你畅谈。每个人都有不同的需求，都有自己独立的想法，都希望别人重视自己、关心自己。销售员少说一些，就能让客户得到一种优越感，使其能畅所欲言，充分地表达出自己的心声，在这个时候，你就更容易抓住客户的内心需求，成功地把产品销售出去。

在销售过程中，有些销售员想要客户同意自己的观点时，往往是自己说得很多，在整个销售过程中几乎不给客户说话的机会，还自认为了解得比客户多。其实，对于销售员来说，这个想法大错特错，也许客户在某些方面可能更胜你一筹，要知道“山外有山，人外有人”的道理。凡事要有自知之明，不要做井底之蛙。另外，每个人都重视自己，喜欢谈论自己，即使自己的亲朋好友也一样，他们可不愿听你唠唠叨叨地在那儿自吹自擂。给客户一定的自由空间，设法让他把你当成知己，能与你畅谈，你就不用发愁他不买你的产品了。这样一来，可以说你已经成功了一大半。

的确，对于销售员来说，要想让客户能畅所欲言，也可以请求其他人的帮助。换言之，在销售产品之前，要充分了解客户的特长，巧妙地利用他的优点为你提供一些帮助，人类天性中最深切的动力就是“做个重要人物”的欲望。请客户帮你一个忙，不但能使他自觉重要，也能使你赢得友谊与合作，你的销售也将会进行得更顺利。另外，你要设法让客户畅谈，自己就要在这段时间里学会倾听。

在生活中，许多人对销售员的认识就是能言善辩巧嘴利舌。其实在销售员之间有这样一句格言：多言之客以耳闻，少言之客以口问。这句话的意思就是，销售员与客户面谈时要多用耳朵听，以嘴巴问，同时要切记“多言多语，言多必失”。

销售员与客户面谈时必须迅速打开局面，这时当然不能沉默了，在介绍产品时就要适当地减少语言，尽量用事实说话，同时不时地引发客户参与进来。经过一段时间的交流，你已经将自我信息和产品信息输入给客户，如果前阶段的工作一切顺利，那么现在应该拿出点时间来倾听客户的意见。如果客户是属于内向型或沉默型的，你要做的也只是就其兴趣集中点进行引发。

一旦客户开口，你要认真倾听，如有必要还可以做做笔记。在客户说话过程中千万不可以打断，最好时常和客户进行眼神的交流，同时要在合适的机会点头示意。对于客户所提问题一定要耐心回答，对于准备不充分或确实不了解的问题不要回避，要敢于承认“自己不了解”，但一定要注意，这一类问题不要过多，否则就会使客户对你产生不信任。针对客户错误的或于己不利的说法，如果这种说法并不太重要，你最好将其置于一边，保持沉默，切记不能正面纠正。如果客户的错误太严重，以致影响了他对产品或公司的看法，那么你就要运用你的智慧委婉地予以纠正。冲动是销售员的大忌，一定要设法约束自己，不与客户发生争论，正面的交锋尤其要不得。

销售员与客户的交谈如同两人之间的传球，双方都要有发表想法的机会。如果自己总是夸夸其谈，客户就会失去与你谈话的兴趣，会对你敬而远之。这样，你又怎么能达到销售产品的目的呢?

在面谈过程中，许多人总将自己放在主要位置，自始至终一人独唱主角，喋喋不休地销售自己，滔滔不绝地诉说自己的产品有什么好处。其实，漫无边际的喋喋不休无疑是在打自己付费的长途电话。这样不但不能表现自己的交谈口才，反而令人生厌。

能让客户百无禁忌地畅谈自己的计划是销售员最需要培养的一种修养，如果能做到这一点，就不难得到客户的信任，从而获得成功。

作为一名销售员，要学会让客户畅所欲言。就算不同意客户的观点，也不要轻易地去打断。当客户有意见急于发表时，他也许根本就不会在意你所说的是什么。在这个时候，当称职的听众比当雄辩家更为重要。所以，在说服别人时不如多听别人说话，并随时会心地微笑，这种方式更受人欢迎，反而会好些。大量事实证明，有时听比说更重要，做一个好的听众、注意倾听，有助于客户与你畅谈。获得了客户的好感，就更有助于你销售业绩的提高。

优秀销售员托尼·温赖特去世前已是一家资产逾25亿美元的公司的董事会主席，同时也是一名作家、剧作家、慈善家。他在事业上取得的成功得益于超人的倾听能力，与托尼谈话，他会让你觉得你的想法如金子般珍贵，他让你觉得自己很特别，你说什么，他好像都确信不疑，连你自己也不得不相信自己所说的，正是这一点使他成为了伟大的销售员。托尼是一个充满热情的人，他与别人谈话不只限定于工作话题。有时候，他会问："你近况如何？"让别人说，从中尽可能地找出有价值的东西。

托尼·温赖特的成功证明，只有适时地倾听客户的话，才能使客户开怀畅谈。尽量让客户说出自己想说的话，避免中途打岔，否则，客户倾诉的欲望得不到满足，彼此也就无法建立亲密的关系，甚至会造成客户的敌对。关系发展到了这种地步，你就达不到想要说服他的目的。可以说，作为一名优秀的销售员，要想让客户对你畅所欲言，倾听就不失为一个很好的秘诀。

倾听打开销售之门

作为一名优秀的销售员，要学会倾听客户的声音。通过倾听客户的声音，可以有效地了解客户的喜好、需求、愿望以及不满，有利于与客户建立良好的关系。即使是一个牢骚满腹、最不容易对付的人，在富有耐心、同情心的倾听者面前，都常常会变得通情达理。

一次，一位客户从世界上最伟大的销售员乔·吉拉德这里买车，乔为他推荐了最好的车型，客户对车很满意，并掏出1万美元打算做定金。眼看生意就要成交了，客户却突然变卦，掉头离去。

客户明明很中意那辆车，为什么改变了态度呢？乔为此事懊恼了一下午，百思不得其解，到了晚上11点，他忍不住按照联系簿上的电话号码打电话给那位客户："您好！我是乔·吉拉德，今天下午我曾经向您介绍一辆新车，眼看您就要买下，却突然走了。"

"喂，您知道现在是什么时候吗？"

"非常抱歉，我知道现在已经是晚上11点钟了，但是我检讨了一下午，实在想不出自己错在哪里，因此特地打电话向您讨教。"

"真的吗？"

"肺腑之言。"

"很好！你在用心听我说话吗？"

"非常用心。"

"可是今天下午你根本没有用心地听我说话。就在签字之前，我提到小儿子的学科成绩、运动能力以及他将来的抱负，我以他为荣，但是你却毫无反应。"

乔确实不记得客户说过这些事情，因为当时他认为已经谈妥那笔生意了，根本没有在意客户还在说什么，而是在专心地听另一个同事说笑话。

乔失败的原因在于没有倾听客户的谈话，那位客户除了买车，更需要被人称赞他有个优秀的儿子，而乔却忽略了这一点，因此，买卖没有成交。

有同情心地倾听是最高层次，带着同情心去听客户说话，当客户高兴时，为他感到高兴，当客户忧伤时，为他忧伤。

销售员要不断地训练，让自己倾听的层次逐渐提高，最终能够做到全神贯注地倾听客户说话，并且能用同情心去听客户说话，这样在销售过程中，才能赢得客户的好感，提高销售业绩。

小刘目前在从事汽车销售的工作。经理说，如果他在两个星期之内没有卖出两台车子的话，就会被开除。到底谁怕谁啊？小刘当天就下定决心，在老板开除我之前，主动把他给“废掉”！

那天下午，突然进来了两位女士。这两位女士看了小刘公司的车子，她们说这个款式不好，那个颜色不对，这个种类不对，那个配置不对，这个太贵了，那个太便宜了。公司现场有200多台车子，都被这两位女士批评得一无是处，小刘始终没有说一句话。

两位女士说完了之后，小刘说：“两位女士，这样好了，我带你们出去看，假如你喜欢看本田，我们就看本田，你喜欢丰田，我们就看丰田。假如你喜欢这些车子的话，我愿意坐下来帮你谈判、杀价。”结果她们出去了一两个小时之后回来：“小刘哪，我决定在你这买车子了。小刘问：“为什么呢？我们车子不太好，你不是这样说吗？”她说：“刘先生啊，你们车子事实上是不太好，但你的服务态度是蛮好的。”所以，小刘凭着“倾听”两字卖出了第一台车子。

当天，小刘得到顾客的肯定，得到经理的赞赏。

一名优秀的销售员不仅要善于倾听客户的要求和渴望，还要倾听客户的异议和抱怨。此外，还要能够听出客户没有表达出来的意思，以及没有明白地说出来的需求。

上帝给人们两只耳朵，就是让人们多听少说。销售员更需要锻炼自己的听力，以提高自己倾听客户说话的层次。

耐心。就是不要打断客户的话。很多客户喜欢说话，尤其喜欢谈论他们自己。例如前面案例中的乔之所以失败，就在于他没有认真地倾听客户的话，客户以自己的儿子为骄傲，所以乔应该要赞扬他的儿子，如果能做到这一点，就不会错失一个大好的销售机会了。客户谈得越多，越感到愉快，也就越满意，这对销售是很有利的。销售员要学会克制自己，多让客户说话，而不是自己大肆发表高见。

关心。销售员要带着真正的兴趣去倾听客户在说什么，要理解客户所说的话。销售员应该学会用眼睛去听，与客户保持目光接触，观察客户的面部表情，注意他的声调变化。必要时，记录客户所说的有关内容。对客户的话要理智地判断其真伪和正确与否。

千万不要假设自己知道客户在说什么，否则，就会造成先入为主的观念，认为自己真的知道客户的需求，而不去认真地听。听完客户的话之后，还应征询客户的意见，以印证所听到的。

懂得赞美，把话说到客户心坎上

赞美不但可以拉近人与人之间的距离，而且能够打开一个人的心扉。一个成功的销售者会努力满足客户的这种心理需求。既然客户需要赞美，销售者就没有必要吝啬美丽的语言，因为赞美是不需要增加任何成本的销售方式。

赞美最能打动客户

乔·吉拉德是美国著名的汽车销售员，他的汽车零售纪录已经被载入吉尼斯世界纪录，至今无人打破。他为什么能取得如此辉煌的成就呢？乔·吉拉德本人的总结是——赞美最能打动客户。

有一对夫妇结婚已经10年了，可一直都没有孩子。因此，太太养了几只小狗，把小狗视为孩子般疼爱。一天，先生一下班，太太便唠叨了起来，说来了一个销售员，看到小狗们在她跟前绕来绕去却视若无睹，这使得她又伤心又生气，根本就没有心思看那个销售员的东西。

又有一天，先生一下班，太太便兴高采烈地对他说："你不是说要买一辆车吗？我已经约好了雪佛兰汽车公司的销售员乔·吉拉德星期天来洽谈了。"先生一听，甚为不悦："我是说过要换一辆车，但没说过现在就买呀！你为什么要自作主张呢？"太太只好告诉了他事情的经过。原来，雪佛兰汽车公司的销售员乔·吉拉德也是一个爱狗之人，看到这位太太养的狗，便大加赞赏，说这种狗毛色漂亮，有光泽，又干净，黑眼圈、黑鼻尖，是最高贵的优良品种。乔·吉拉德的话说得这位太太芳心大悦，如见知音，便对他产生了深深的好感，很快就答应让他星期天来找她先生进一步详谈。这位先生确实想换一辆新车，但他优柔寡断，一直拿不定主意该换什么车，现在既然销售员乔·吉拉德上门来销售新车，看一看又何妨呢。

星期天，乔·吉拉德依约而至。通过一番交谈后，这位先生很快就被乔·吉拉德说服了，因为乔·吉拉德仿佛能看得出先生心里的真实想法，句句话都投先生所好，令他最后“当机立断”，买下了乔介绍的车。

在乔·吉拉德的销售生涯中，类似的经历数不胜数。他心里非常清楚，只要你懂得赞美客户，只要你卖客户最爱的车，你就能轻而易举地拿到订单。乔·吉拉德曾经说过，像这样“爱犬”的夫妇非常多，只要你能够投其所好，表现出对他们宠物的喜爱，他们就会把你当成好朋友。事实上，“爱子”的夫妇就更多了。如果你能够表现出对孩子的喜欢，夸赞孩子夸赞得非常到位，该夫妇会马上对你产生好感，把你当成好朋友。

懂得赞美客户就能成为销售冠军，这是世界上最伟大的销售员乔·吉拉德的一大成功心得。事实上，谈论小孩、宠物、花卉、书画、运动、嗜好等都是在赞美客户，都可以迅速缩短你与客户的心理距离，从而对成功销售、拿下订单起到极大的推动作用。

在销售的时候，销售员不但要让客户觉得自己在金钱方面赚了，还要让客户感觉在感情上也获得了很大的满足。这才是销售高手应有的境界。如何才能达到这种境界呢？答案仍然是——赞美最能打动客户。

《黑人文摘》杂志的老板约翰逊就一直秉持着这样的业务观念。有一次，约翰逊计划让森尼斯无线电公司成为自己的广告客户。于是，他给该公司的总裁麦克唐纳写了一封信，希望和他面谈。麦克唐纳很快就回信说：“来信已收到。不过我不能见你，因为我不主管广告。”约翰逊的请求被拒绝了，但他自然不会放弃，他想：“麦克唐纳是公司的总裁，不管广告，会管什么呢？”经过一番调查，约翰逊了解到，麦克唐纳主管着该公司大的政策，其中包括广告政策。于是，约翰逊又给麦克唐纳写了一封信，问是否能去拜访拜访他，跟他聊聊他的公司在黑人社会中进行广告宣传的政策。

麦克唐纳的回信还是很快："你是一个坚持不懈的年轻人，我决定见你。但我事先声明，如果你一谈到在你的杂志上登广告的事情，我就立即结束谈话。"

不能谈广告，那谈点什么呢？约翰逊决定更深入和全面地了解一下麦克唐纳。他翻阅了所有能找得到的有关麦克唐纳的资料。在《美国名人录》中，约翰逊发现麦克唐纳是一个探险爱好者，还曾到过北极点，时间是在汉森到达北极点之后不久。

了解到这一点后，约翰逊感到胸有成竹了。约翰逊先让自己的手下找到汉森，请他在其出版的一本探险书上签名，以便送给麦克唐纳。接着，约翰逊把将要出版的杂志中的一篇文章换成介绍汉森的。见面的时间到了。约翰逊终于走进了麦克唐纳的办公室，没想到彼此打完招呼后，麦克唐纳的第一句话竟然就是："你看见那一双雪地靴没有？那是汉森送给我的！他有一本很棒的书，不知你看过没有？"约翰逊说："看过。我这里还有一本。汉森还专门为您签了名。"说着，约翰逊把书递给麦克唐纳。

麦克唐纳非常高兴，一边翻着书一边说："像汉森这么优秀的黑人，你们杂志应该介绍一下。""您的意见非常正确。"约翰逊说着，就把登载着汉森文章的新杂志递给了麦克唐纳。

麦克唐纳看见了介绍汉森的那篇文章后，心情显得更加愉快，他还对约翰逊的杂志风格表示了赞许。约翰逊告诉他，自己创办这份杂志的目的，就是要介绍像汉森这样克服一切障碍与困难、努力赢得成功的人。听到这些，麦克唐纳抬起头来，慢慢说道："你知道吗，我现在找不出任何理由阻止我们公司在你的杂志上刊登广告。"

为什么约翰逊能够拿下麦克唐纳这个大客户的广告订单？因为他对麦克唐纳使用了赞美！无数成功的销售实践证明：拥护客户的价值观，用巧妙的办法证明你和他有一样的价值观，是获得订单的一大诀窍。

赞美客户是一门艺术、一种智慧，也是一种沟通秘诀。它寻求的是不同职位、不同行业、不同经历的买卖双方的利益共同点。投其所好，调动你的知识、才能以及各种优势，向客户发起心理攻势，直至达到“俘获”客户的目的。

先赞美，再谈业务

每一个人都有优秀的一面。因此，想尝试说服客户应特别注意，如果你跟客户说：“你好像挺闲的，把这个数据处理一下。”“有空吧？帮我抄份报告。”即使是极简单的要求，也会引起客户的反抗。如果改说“辛苦你了！”“老是在麻烦你！”这种谦卑的话语，或许能缓和客户的反抗力，但未必能把他的干劲真正激发起来。

如果你能结合客户的优秀表现对他说：“你的计算很快！”“你的字写得很漂亮，所以想拜托你。”客户定会认为得到知音，从而激起做事的干劲。这是人们对了解自己的人不惜一切、鼎力相助的原因。只有别人对自己的能力做出肯定，自己才会承认他人的价值，并说：“他是个很能干的人。”“那个人很有眼光。”这些都是人之常情，人们都有希望被承认、被认同的心理。抓住了这个特点，就能更好、更快地说服别人。

一位基层主管工作很勤劳，也很爱絮叨，有一天因为体力不支而住院。上司很快来探病同时说了以下的话：“这真是个大好机会啊！你好好静养一下，公司里的事情就不必担忧了，没有你在，公司能够照常营业，所以你不必挂心。”由于上司一句不考虑他人自尊的粗心话，使主管听着很不舒服，身体更虚弱了。主管认为公司之所以有今天，完全是因为自己的努力啊！

第二天，这位主管的部下来了，他说了和上司完全相反的话：“您一不在，整个公司就毫无头绪，就是因为缺少您这位果断、能干的人才呀！希望您早日康复，尽快回到公司上班。”主管听了部下的这席话，在内心大喊：“真是知我心的部下啊！”

也有些销售员虽然心中肯定客户的价值，但却不说出口，或许是认为“这有什么好说的呢”。这样想的话，你在说服客户时就会遇到更多的困难。在平日里，想要更好地说服客户，就应该多留意客户的优点或价值。要谨记：赞美的高手也就是说服的高手。

在销售过程中，我们随时随地都可能要说服各种各样的客户。怎样才能让他们快速地接受你的意见，而不至于被拒绝呢？这就需要你巧妙地赞美他，将客户引入你设定的情景，然后再进入正题，这样会使你的要求成功地得到满足。

我们都体会过得到别人赞美后舒畅、激动的心情，我们也清楚，如果把赞美真诚地给予别人会赢得别人的心。但是，现实中遇到了具体的事情时，很多人又习惯性地把赞美作为次选，因为你可能认为没有必要去赞美别人做的事情。其实，赞美完全可以是说服客户的一种手段。不是赞美已有的结果，而是为想要的结果而赞美，这样赞美起来更容易，也会使人变得更真诚。

饭田觉兵卫是古代日本加藤清正家的老臣，他是一位勇猛又擅长军略的武将。但在加藤清正死后，其宗族被追加了爵位后，觉兵卫却在这个时候辞官，并在京都过着隐居的生活。有一次，他对别人说：“当我第一次在战场上立了功的时候，也同时目睹了许多朋友因战殉职。当时，我认为这是一件很可怕的事情，我再也不想当武士了。可是，我回到营里后，加藤清正将军夸赞我那天的表现，然后又把一把名刀赐给了我。这时，我不想当武士的念头被打消了。后来，每次上战场，我总是有‘不想再当武士’的念头。但每次回到营里后，总又会受到夸赞和奖赏。周围的人都以艳羡的眼光看我。所以，我的想法不得一次又一次地改变，总是没能达成心愿，也就一直服侍清正公。现在想来，清正公真的算是巧妙地利用了我。”

在面临战争的时候，即使像觉兵卫这样的杰出的勇士也会变得很胆小，因此产生了不当武士的念头。更有趣的是，他因为受了加藤清正的夸奖和鼓励，而一生致力于服侍清正公。加藤清正的高明之处在于，他的赞美固然有嘉赏觉兵卫的忠勇的因素，恐怕更大的目的是把这个忠勇的部下留下来。如果当初加藤清正没有给他赞美和奖赏，恐怕他不想当武士的想法早就变成现实了。而加藤清正正是抓住了这个心理，知道再勇猛的武士面临战争也会有所畏惧。要想留住觉兵卫，如果用其他的什么方法说服他，恐怕都不会达到很好的效果。而用赞美这种间接的方式，就让他很难拒绝。

当你的优秀表现被别人忽略不计时，你一定会感到遗憾；而在被别人夸奖时，心中不但会很高兴，也能建立起自信，别人再提出什么要求或意见时，也会比较容易接受。不知不觉间，很多人都高高兴兴地成了“赞美”这件武器的牺牲品。但是既然赞美能成为一件利器、一种手段，销售员们为什么不好好利用它呢？

在说服客户接受你的观点的时候，先赞美客户，再表达自己的观点，这样就很容易被客户接受。因为当我们听到他人对自己的优点的称赞后，再去听一些不愉快的话，自然会比直接遭受批评感觉舒服一些。

每个人都喜欢被赞美，这和理发师在给人修面前先涂上一层肥皂一样。所以销售员可以给客户一个言过其实的美名，就好像是《灰姑娘》故事中的仙棒一样，点在身上会使人从头到脚焕然一新。这样在跟他说话的时候，他就会认为自己是一个很值得尊敬的人，他就会不跟你计较什么，你说的话他甚至有可能一点也没有听进去。所以这个时候说服客户购买你的产品当然是件很容易的事了。

赞美客户要说到点子上

对于任何一个稍微有头脑的人来说，谁不希望得到别人的赞美和重视？那么，销售员在说服客户这方面就应该注意，要学会采取认同客户的方法，对他的观点表示赞同，并且加一些赞美之言让客户的心理得到满足，然后再指出他的不足，这样他就容易接受，并且还可能对你产生好感。

每个人都想听到别人赞美自己的话。三国时期的关羽为人正直，最受不得别人奉承他，他也最讨厌奉承之人。当关羽得知有个人特会说赞美的话、凭着三寸不烂之舌吃香喝辣之后，他就怒气冲冲地扛着大刀去找那个人，满脸杀气地说："听说你特别会奉承，今儿个就奉承奉承我吧！"那个人满脸堆笑地说："小民会奉承人不假，可我奉承的尽是些小人。关爷为人正直，天下扬名，谁都知道您老人家最不爱听赞美的话，最讨厌溜须拍马的小人，我怎么敢奉承您呢？”关羽道：“量你也不敢，俺今儿要宰了你这个巧嘴的小人！”那人一听关羽要杀他，“扑通”一声跪倒在地说：“小民谢恩！”关羽听他说要谢恩，顿时感到疑惑，抡起的大刀又放下了，问他：“你谢的啥恩？”那人说：“关爷过五关斩六将，杀的都是赫赫有名的将军。小民这种人能挨上您老一刀，真是求之不得！关爷既然不怕脏了您的宝刀，就快快成全小民吧！”关羽听了这个人的话，没再说话，“哼”了一声，扭头就走了。那个人站起身来，指着关羽的背影说：“原来他也爱听赞美的话！”

赞美的话是销售员说服客户的一种方法，但是说赞美的话有一点需要注意，那就是在说赞美话的时候一定说到点子上，必须说到客户的长处。不论何时，每个人都喜欢别人赞美自己。

如果一个女人主动去赞美另外一个女人，很可能是因为她在对方身上找到了共同的爱好和兴趣。赞美别人要说到点子上，要有真实的情感体验，要有发自内心的真情实感，这样的赞美才不会给人虚假和牵强的感觉，才会让对方听来十分亲切真实，完全是发自内心的欣赏，会使对方产生一种遇到知音的感觉，因而也更能增进友谊，缩短彼此间的距离。带有真情实感的赞美不仅能体现人际交往中的良好互动，还能表达出自己内心的感受，对方也能感觉到你的真切关怀。

盛唐时期的魏王李泰喜爱文学，特别受唐太宗的宠爱。有人说大臣中有瞧不起李泰的，唐太宗听后大怒，召众大臣责备道：“隋文帝时，众大臣都被诸王踩在脚下，我如果放纵他们也这样做，岂不折煞诸位使诸位蒙受耻辱吗？”魏征一听皇上说话离谱，赶紧接着说："如果说法纪纲常被彻底破坏，固然不必理论，如今圣明君主在，魏王当然没有辱没群臣的道理。隋文帝骄纵他的儿子，到最后都成了刀下之鬼，这难道也值得效仿吗？"

唐太宗高兴地说："我因私爱而忘公义，听了您的话才知道理屈。"魏征之所以能够说服唐太宗，是因为他先赞美唐太宗是"圣明君主"，先让他心里舒服一下，然后再进行说服。如果魏征硬碰硬，一针见血地指出唐太宗言语的不是，其最终的结果定是难以想象的。

任何人内心都渴望别人支持自己，并给予赞美。对于销售员来说，想调动客户的积极性和热情，可以这样说："我知道你很忙，抽不开身，但是这些事情非得麻烦你才行，因为我对其他人没有把握，思前想后，还是觉得你才是最佳人选。"这样一来就使客户无法拒绝，巧妙地使客户的"不"转变为"是"。这种说服技巧对客户某些固有的优点给予了适度的褒奖，使客户得到了心理上的满足，减轻挫败时的心理困扰，从而在比较愉快的情绪中接受你的说服。

大多数情况下，我们都会有这样的感受：如果某人对你有好感，那他就容易接受你的观点和建议；反之，如果一个人对你反感，那么，无论你怎么说，他想的都是拒绝接受。在心理学上，这叫晕轮效应，也就是以偏概全的心理倾向。对某人有好感，就会觉得他的言行举止一切都好，爱屋及乌；然而对某人反感时，觉得他处处不顺眼，"疑人偷斧"的故事就生动地说明了这个道理。了解人们的这种心理，对于为人处事非常有用。我们要想说服客户，让他们接受我们的意见，首先应该赞美他们，建立起客户对你的好感，这样，你的说服就会成功。

别让赞美坏了生意

虽说客户都喜欢听赞美的话，但也并不是喜欢一切赞美自己的言论。赞美的话若说得不得要领，不仅达不到预期的目的，还会引起客户的反感。比如，有的销售员与客户面谈，只要看见女客户，张口就说："您长得真漂亮！""您打扮得真好看！""您看起来真年轻！"像这种一点铺垫都没有的夸奖就太不自然了，碰上脾气好的可能说你句"神经病"，然后扬长而去。要是碰上脾气不好的，不骂你个狗血喷头才怪。怎样让你的赞美说到客户心里去呢？

一位销售员敲开一客户的家门，他看见开门的是一位十分年轻的妇女，便故意装出一副惊慌失措的样子，可怜巴巴地说："真对不起，小姐，我是儿童游戏卡的销售员，我本来是想找一家有小孩的，没想到打搅您了。"

那少妇有些火了："我就有孩子。"这位销售员又赶紧装出一副很惊诧的样子，瞪了她半天，才用惊奇的语调说："啊，啊，请原谅，没想到您已经有了孩子，您是这么年轻、漂亮……真不敢相信。"正如他所预料的那样，那位少妇的脸上有了笑容。

赞美必须符合事实，如果你夸长相很普通，甚至还有点难看的客户漂亮，这样的赞美是收不到任何积极的效果的。最好的办法是选中客户最心爱、最引以为豪的东西称赞，这样的称赞无论怎样过分，客户都不至于气恼。赞美是一件好事，但绝不是一件易事。赞美别人时如不审时度势的话，会变好事为坏事。

某著名化妆品公司销售代表小李深谙赞美之道。但是，在他刚刚步入销售员的行列时，也曾因赞美不得要领而得罪了客户。

那天，他去拜访魏小姐，恰巧魏小姐的一位闺蜜也在，为了争取到更多的客户，给刚刚认识的女士们留下一个好印象，他决定依靠赞美来打动她们。

于是他对魏小姐说："您的朋友很漂亮。"魏小姐的朋友听了很高兴，走过来跟小李握手，又对他的化妆品问这问那，显得很热情。

小李很得意，认为自己的赞美奏效了。事实也的确如此。但就在此时，小李转过头发现魏小姐一言不发，好像很不高兴的样子，对自己也不再热情。小李明白，自己对其他人表示赞赏而将主人魏小姐忽略了，这犯了销售的大忌。小李心里一急，又加了一句话："就是皮肤黑了点。"

这时，杠杆平衡了。但是，结果并不是两个人都对他热情有加，而是都对他冷眼相看，认为这个人怎么这么不会说话。就这样，小李不但失去了两个潜在的客户，而且令自己颜面尽失。

为避免客户误解，不要突然没头没脑地大放颂辞。销售员对客户的赞美应该与眼下所谈的话题有所联系，请留意应在何时、以什么事为引子开始称赞客户。客户提及的一个话题，他的一段经历，也可能是他列举的某个数字，或是他向销售人员解释的一种结果，都可以用来作为引子。

一男青年晚上在饭店碰到一位认识的女士，她正和一位女伴在用餐，两人刚听完歌剧，穿戴漂亮。这位男青年不禁眼前一亮，很想恭维一下客户："噢，章小姐，今晚你看上去真漂亮，很有女人味儿。”女士难免生气地说：“我平常看上去什么样呢？像个清洁工吗？”

在一次管理层会议上，一位报告人登台，会议主持人向略显吃惊的与会者介绍：“这位就是刘女士，这几年来她的销售培训工作做得非常出色，也算有点儿名气了。”末尾这句话显然是画蛇添足，让人听了不太舒心，什么叫“也算有点儿名气”呢？

这些称赞的话如果用词不当，客户听来不像赞美，倒更像是贬低或侮辱。结果自然事与愿违，以致不欢而散。

销售员在表扬或称赞客户时要谨慎小心，注意措辞，尤其要掌握以下几个技巧：列举客户的优点或成绩时，不要举让对方觉得无足轻重的内容，比如“很和气”或“纪律观念强”之类和销售没太大关系的事；你的赞扬不可暗含对客户缺点的影射，比如“太好了，在一次次半途而废、错误和失败之后，您终于大获成功了”这样口无遮拦的话；不能以你不相信客户能取得今天的成绩为由来称赞他，比如“我从来没想到你能做成这件事。”或“能取得这样的成绩，恐怕连你自己都没想到吧。”另外，销售员的赞美不能是对待小孩或晚辈的口吻，比如“小伙子，你做得很棒啊，这可是个了不起的成绩，好好干”这种话。

总之，赞美就像空气清新剂，可以振奋客户的精神，“美化”身边的气氛，但也必须清楚，再好的清新剂也有过敏甚至反感者。更何况人与人之间的关系如此复杂，如果不通达人情，不考虑所称赞对象的心情及当时的具体情况，恐怕真的会事与愿违。

高明的销售员会针对客户的能力大发感慨。例如到客户家里拜访，可以说：“这房间布置得真别致，富有特色。”这是在赞赏客户的审美观。对于汽车可以从“独特的”车内装潢进行赞美，比仅仅说“保养得好”强很多。同样，对一个女孩子说：“这样的衣服穿在你身上，可真是绿叶配红花！”这仅仅是表达了对客户的欣赏，如果能紧紧盯住客户的知识、能力、品位，将赞美更具体化，则说明你有一定的造诣了。

恭维过头讨人厌，适度赞美助销售

在与客户面谈中，赞美客户会很快取悦客户，并在客户心里留下好印象，因为每个人都喜欢被赞美，对赞美自己的人自然会心生好感。但是，如果过分赞美，使赞美远离实际，则往往会弄巧成拙。

陈先生是某保险公司的销售员，经过努力，他终于约好了与大人物黄先生见面。黄先生早年白手起家，从一个卖报的小贩成为一家颇具规模的家电公司的总裁，他的传奇经历在小城里可谓家喻户晓。一见到黄先生，陈先生就非常激动，他说：“黄先生，我很小就听说您的大名，从心底万分崇拜你。我想，您一定有很多故事，希望我今天能有幸听到您的故事。”“小伙子，我的故事很简单的。你今天来不是为这个吧？”“黄先生，您不知道有多少人做梦都盼着见您一面呢！”

陈先生又一口气说出许多赞美之词。黄先生一时也被他的话冲昏了头，开始回顾自己的创业史。结果原定的半个小时的拜访时间很快就到了，黄先生的秘书前来告知，几位经理已经都到了，正等着他开会呢。

赞美是人们交往的润滑剂。对于销售员来说，如果能够运用好这种技能，往往可以取得意想不到的效果。据专家研究，一个人如果长时间被他人赞美，其心情会变得愉悦，智商会有所下降，销售员应该毫不吝啬地找到客户的优点去进行赞美，如“东方小姐的企业精致小巧，却是一片生机勃勃的景象，具有这样精神面貌的企业不发展壮大都很难啊！”“赵老板的办公室布置得非常时尚，非常有现代感，想必赵老板的经营理念也是紧跟社会发展的节奏和方向的。”“刘先生这么年轻，就有今天的成就，令我们由衷佩服，确实是我们学习的榜样啊！”“汪经理的办公厂房宽敞明亮，设施齐备，您的企业在同行中一定是具有规模效应的优势吧！”

记住，在运用赞美的技巧时，销售员必须掌握好说话的时机和赞美的度。否则，客户会认为你根本不是诚心的，只是说说奉承话而已，这样反而增添了客户对你的不信任感，拉开了你和客户之间的距离。那么，如何把握这恰如其分的一点，而不是赞美过头呢？

用一些具体明确的事情来赞扬不失为一个好方法。如果在赞扬客户时，销售员能够有意识地说出一些具体而明确的事情，而不是空泛、含混地赞美，这样客户往往更容易认可并能够坦然接受。因此，会赞美的销售员往往会注意细节的描述，避免空发议论。另外，找出客户异于他人的地方来赞扬也是很高明的。

卡耐基在《人性的弱点》一书里讲过这样一件事：卡耐基去邮局寄信。他发现这家邮局的办事员态度很不耐烦，服务质量非常差劲，因此他便准备用赞扬的方法使这位办事员改变服务态度。当轮到卡耐基时，他称赞办事员说：“真希望我也有你这样的头发。”听了卡耐基的赞扬，办事员脸上露出了微笑，接着便热情周到地为卡耐基服务。自那以后，卡耐基每次光临这家邮局，这位办事员都笑脸相迎。

每个人都希望别人注意到他的不同凡响之处。因此，如果你在赞扬客户时，如果能顺应这种心理，去观察发现他异于别人的不同之处，以此来赞扬，一定会取得出乎意料的效果。

17世纪末，伦敦发生了一起令人震惊的盗窃案。一伙盗贼潜入伦敦市郊的马丁塔，想盗走英国的镇国之宝——英国国王的皇冠。然而，这群盗贼技艺不够高超，被守塔的卫队给擒住了。事后查明，这伙盗贼是团伙作案，一共5个人，为首的是一个叫布雷特的家伙。此人能言善辩，机警诡诈。

英国国王查理二世听说有人去盗他的皇冠，非常震惊，亲自审问这个胆大妄为的狂妄之徒。盗贼头目布雷特被押到了国王面前，查理二世看这个人其貌不扬，实在看不出他有什么特别之处。于是开口问道："听说你还有男爵的头衔？""是的，陛下。""我还听说,你这个头衔是诱杀了一个叫艾默斯的人才得来的？""陛下，我只是想看看他是否配得上您赐予他的那个高位，如果他轻而易举地就被我打发掉，陛下就能挑选一个更适合的人来接替他的位置。"查理二世沉思了片刻，觉得布雷特不仅胆大包天，口齿还很伶俐。于是又厉声问道："你的胆子可真不小啊，居然敢来偷我的王冠？""陛下，我知道我的行为有点狂妄，不过我只是想借此来提醒您关心一下我这个生活没有依靠的老兵。""什么？可是你并非我的部下啊！"查理二世惊奇地问道。"陛下，我从来都不曾与您为敌过。现在天下太平，所有的臣民不都是您的部下吗？我当然也是您的部下。"

查理二世感到此人更像个无赖，就直接问道："那你说吧，我该怎么处理你？""从法律的角度来看，我应该被处死。但是，我们5个人死后，每一位至少会有两位亲属为之落泪。而从陛下您的角度来看，多10个人的赞美，总比多10个人的眼泪要好得多，您说对吗陛下？”查理二世没想到他会这样回答，接着又问：“那么你觉得自己是个勇士还是懦夫？”“陛下，我现在连个安身的地方都没有，到处都有人在抓我。直到去年我在家乡搞了一次假出殡，让一些人认为我死了，才不再被人抓。这显然不是一个勇士的行为。因此，尽管在别人面前我是个勇士，但在陛下的权威面前，我是个懦夫。”查理二世听到布雷特强词夺理的辩解，居然大悦，不仅赦免了他，还赐给他一笔不小的赏金。

由此可见，有时候懂得赞美客户，维护和提高客户的地位，可以有效地缓解与客户的关系。

赞美竞争对手，更易赢得客户信任

福兰克林曾说过：“不要说别人不好，而要说别人的好话。大多数情况下，不失时机地夸赞竞争对手可以取得意想不到的效果。”对于销售员来说，竞争对手就是那些正在或企图从你手中抢走客户的人。一些销售员把竞争对手视为“敌人”，企盼将“敌人”一扫光，或常常发出“既生瑜，何生亮”的感慨。其实，销售员大可不必以如此的心态对待竞争对手，因为，战场上没有对手便没有英雄，商场上没有对手就没有成就。

销售员在与自己的客户进行面谈时，客户免不了会向你询问竞争对手的一些产品信息，或者称赞竞争对手的产品或服务，那么你会怎样面对呢？很多销售员听到客户的这些话，都觉得很别扭，有的控制不住自己的情绪，开始大肆宣扬竞争对手产品的不好，甚至攻击对手的人品，殊不知这样做的结果往往会适得其反，客户会因你刚才的一席话拂袖而去。

王经理在市场上招标，要购入一大批水泥。共有两家公司投标，一家来自和他做过不少生意的A公司，A公司的销售员找上门来，问他是否还有别的公司来投标，王经理碍于面子告诉了他。没想到在接下来的谈话里，这个销售员开始了对这家公司喋喋不休的评价："他们啊，他们是一家刚开始起步的公司，能按照您的要求发货吗？他们的信誉您也不知道怎么样，产品质量还不知道有没有保证，您就愿意冒这样的风险吗？王经理……"王经理最不喜欢评论别人的长处短处，听销售员这样说，对这个销售员的好感大跌。于是他抱着客观的态度，对这家销售员说不好的公司进行了实地考察，没想到这家公司对车间管理和产品质量要求都非常严格，王经理马上就和他们签了订单。后来，他们保持了良好的生意往来。

我们从这个实例可以看出，销售员在对竞争对手进行攻击的时候，你在客户心目中的可信度也在下降，你的言行非但没有让自己的生意做成，反而为你的竞争对手做了广告。那么，销售人员该如何正确对待你的竞争对手呢？

掌握竞争对手尽可能多的信息。当今市场，一个企业独霸某行业，毫无竞争对手的情况早已不复存在。孙子兵法云："知彼知己，百战不殆。"知晓、了解自己的竞争对手已成为每个销售员都应该极其重视的一件事。因为只有了解竞争对手，才能更好地回答客户的问题，才能更好地介绍自己的产品。试想，在销售过程中，如果客户问你："我觉得你们的产品和宝利公司的产品性能、款式都一样呀，为什么却比人家的贵很多呢？"而你对客户所说的宝利公司一无所知，答复客户也只能支支吾吾、含含糊糊，这样客户不但对你的产品没有更深层次的了解，而且也觉得你是一个不称职的销售员。如此一来，你的成交概率就微乎其微了。

对竞争对手的了解应当是深入的、细致的、全方位的，具体说来包括以下信息：竞争对手产品的一览表，这是属于最基本事实的了解；竞争对手在未来一段时间内将有哪些产品问世，有哪些产品是正在研制中；竞争对手所有产品的价格，这些价格是属于渗透定价法，即少赢利甚至不赢利以期扩大市场占有率的。或是撇脂定价法，以期从中获取巨额利润的；竞争对手的产品有哪些特征？其优缺点各是什么？竞争对手产品的市场销售量如何？是呈上升趋势、下降趋势，还是多年持平？客户对竞争对手产品的反应如何？是满意居多？还是不满居多？

销售员掌握了上述这些信息，不但可以为自己的销售活动提供一定的参考和借鉴，当客户向你询问客户的情况时，你才能扬长避短，突出自己的产品优势。回答客户的信息时，虽然不可恶意攻击，也不应该把竞争对手的好处向客户解释得那么详细，把自己的客户拱手送人。

竞争不可避免，销售员需要保持自己的优雅作风。当客户向你称赞竞争对手的产品时，要给予适当的评价，避免以下两种回答。一是“既然他们的产品那么好，你就买他们的去啊！”这样的回答不仅有损你和公司的形象，而且客户可能再也不会和你打交道了。多说一句话就让自己永远地失去了一位客户，这是不值得的；二是捏造有关竞争对手的坏话，如“那家公司的内部有矛盾，搞不好老板会卷款走人呢，还是谨慎点”“听说那家店经常被调查，质量不过关”等，当你经常这样评价你的对手，客户总有一天会明白事情的真相，要想凭攻击别人来赢得客户是不可能的。贬低别人并不能提高自己，给予竞争对手客观的评价，这样客户反而会对你有好感，下次有需要他才会想到你，与你合作。

与竞争对手协作共赢。俗话说，“众口难调”，客户的需求总是各不相同，而企业开发产品的能力总是有限的，由于客户需求和自身产品特点之间的差异，竞争对手之间常常可以取长补短、互通有无。把那些更需要竞争对手产品的客户大大方方地“出让”，你这种真正站在客户立场上为满足客户实际需求的“出让”，不但会给客户带来好处，更会为自己的长远利益提供帮助。如果想从竞争对手那里获得客户资源，那就要将不适于你、更适于他们的客户介绍给对方。

战海朋是一家品牌化妆品专卖店的销售明星，胡小惠则是对面一家品牌化妆品专卖店的销售高手。他们都有着非凡的业绩水平，这是因为他们除了善于捕捉相关信息、能利用各种技巧打动客户之外，还勇于把不适合本企业化妆品的客户介绍到竞争对手那里。

战海朋销售的化妆品主要是针对中干性肤质，而胡小惠销售的产品则更适合油性和敏感性肤质。所以，他们会针对客户的皮肤和产品特点给予最中肯的建议，如果发现客户的肤质更适合对面竞争对手的产品，他们都会毫不犹豫地告诉客户：“那个品牌的化妆品更适合您的皮肤，你可以到对面的店看看……”

总之，面对日益激烈的竞争形势，一个优秀的销售员不会通过恶语攻击对手获得成功，相反，他们总会从对手的身上获取经验，找到奋斗的动力，和竞争对手共同成长。